高速公路征地拆迁模式创新及实践

——来自京台高速公路德州（鲁冀界）至齐河段改扩建工程征地拆迁的积极探索

本书编委会　编

西南交通大学出版社
·成　都·

图书在版编目（CIP）数据

高速公路征地拆迁模式创新及实践：来自京台高速公路德州（鲁冀界）至齐河段改扩建工程征地拆迁的积极探索 / 本书编委会编. —成都：西南交通大学出版社，2021.12

ISBN 978-7-5643-8483-8

Ⅰ. ①高… Ⅱ. ①本… Ⅲ. ①道路施工－土地征用－模式－研究－中国②道路施工－房屋拆迁－模式－研究－中国 Ⅳ. ①U415

中国版本图书馆 CIP 数据核字（2021）第 263984 号

Gaosu Gonglu Zhengdi Chaiqian Moshi Chuangxin ji Shijian
—— Laizi Jing-tai Gaosu Gonglu Dezhou (Lujijie) zhi Qiheduan Gaikuojian Gongcheng Zhengdi Chaiqian de Jiji Tansuo

高速公路征地拆迁模式创新及实践

——来自京台高速公路德州（鲁冀界）至齐河段改扩建工程征地拆迁的积极探索

本书编委会　编

责任编辑	赵玉婷
封面设计	新视野文化
出版发行	西南交通大学出版社 （四川省成都市金牛区二环路北一段 111 号 西南交通大学创新大厦 21 楼）
发行部电话	028-87600564　028-87600533
邮政编码	610031
网　　址	http://www.xnjdcbs.com
印　　刷	济南申汇印务有限责任公司
成品尺寸	170 mm × 240 mm
印　　张	11
字　　数	201 千
版　　次	2021 年 12 月第 1 版
印　　次	2021 年 12 月第 1 次
书　　号	ISBN 978-7-5643-8483-8
定　　价	135.00 元

本书编委会

鸣谢单位

山东高速股份有限公司京台高速公路德齐段改扩建工程项目建设管理办公室

京台高速公路德州（鲁冀界）至齐河段改扩建工程项目指挥部

德州经济技术开发区京台高速公路改扩建工程项目指挥部

德州市陵城区京台高速公路改扩建工程项目指挥部

德城区京台高速公路改扩建工程项目指挥部

德州运河经济开发区京台高速公路建设指挥部

平原县京台高速公路改扩建工程项目指挥部

禹城市高速公路工程建设指挥部

京台高速公路德州(鲁冀界)至齐河段改扩建工程齐河段项目指挥部

山东省交通规划设计院集团有限公司

山东高速工程项目管理有限公司

中交路桥华北工程有限公司

山东省路桥集团有限公司

山东省公路桥梁建设集团有限公司

中铁四局集团有限公司第七工程分公司

山东方正公路工程监理咨询有限公司

山东高速通信技术有限公司

山东正衡土地房地产评估勘测有限公司

前言

京台高速公路德州（鲁冀界）至齐河段改扩建工程（以下简称“京台高速公路德齐段改扩建工程”），是国家高速公路网中枢干线和山东省高速公路网布局规划“九纵、五横、一环、七连”中的重要组成部分，是落实山东省委、省政府关于京台高速公路改扩建工程重要部署，缓解京台高速公路交通压力，助力山东经济快速、健康、可持续发展，解决人民日益增长的美好生活需要和区域经济不平衡之间矛盾的重大民生工程。

征地拆迁工作是高速公路建设的基础，本身即存在着资金落实、经济补偿、组织协调、路地融合等诸多难题。京台高速公路德齐段改扩建工程全长 93.138 公里，自鲁冀界主线收费站起沿既有高速公路两侧拼宽至齐河北枢纽，受枢纽跨线桥制约，采用两侧分离过枢纽后，两侧拼宽至双庙宋，受铁路、油库等制约，单侧拼宽至朱君后，两侧拼宽至终点晏城枢纽，全线需改扩建德州北（枢纽）、德州、德州南、平原、平原南、禹城、齐河北（枢纽）、晏城（枢纽）等 8 处互通式立交，新建禹城东互通式立交，移位新建齐河互通式立交，沿线农田、房屋、企业众多，征

地、广告设施和管线拆迁任务极其繁重。

面对上述艰难险阻，京台高速公路德齐段改扩建工程知难而进、勇于担当，针对征地拆迁工作，京台高速公路德齐段改扩建工程提出了“三个精准”、“三个负责”和“三个效果”的要求：“三个精准”即“精准发现问题、精准把握政策、精准作出处置”，决不马马虎虎、粗枝大叶，防止征地拆迁的依据不明、适用不当、尺度不准；在每个问题的处置、每个被征迁人的对接、每个补偿的确认上，做到“三个负责”，即“对事负责、对人负责、对历史负责”；征地拆迁要实现“三个效果”，即“确保如期通车的政治效果、确保补偿到位的经济效果、确保稳定和谐的社会效果”。在推进征地拆迁工作、保障工程建设顺利进行的同时，京台高速公路德齐段改扩建工程特别结合“六型山高”建设，组织本书编写委员会和审查委员会，不断总结经验、归纳提炼，探索梳理具有京台高速公路德齐段改扩建工程特色的高速公路征地拆迁“1918”新模式，取得了“政策掌握准、业务流程精、路地关系好、工作推进快、降本增效实”的良好成绩，迅捷高效地完成了征地拆迁任务，得到了社会各界的高度赞扬和肯定。

今年恰逢伟大的中国共产党百年华诞，也是京台高速公路德齐段改扩建工程圆满交工、顺利通车之年，我们特编辑出版了本书，向党的百年奋斗历史致敬！我们全体参建人员也将继续以习近平新时代中国特色社会主义思想为指引，始终不忘初心、砥砺前行，不断改革创新、狠抓落实，以钉钉子的精神做实做细做好各项工作，为山东实施交通强省战略、加快新旧动能转换重大工程，作出更大贡献！

郭建民

2021 年 7 月 1 日

目　录

第一章 高速公路建设与耕地保护形势

一、国家层面

交通运输是国民经济中基础性、先导性、战略性产业和重要的服务性行业，是经济发展的重要基础和支撑，是社会进步的重要保障和标志。党的十八大以来，在习近平新时代中国特色社会主义思想指引下，中国交通发展取得了历史性成就、发生了历史性变革，进入了基础设施发展和服务水平提高的黄金时期。以高速公路为代表的中国交通运输基础设施规模居世界前列，运输服务保障能力不断提升，科技创新能力显著增强，行业治理现代化水平大幅跃升，人民高品质出行需求得到了更好满足。党的十九大提出，要加强铁路、公路、水运、航空等基础设施网络建设，建设交通强国。截至 2020 年底，全国公路总里程为 519.81 万公里，比上年末增加 18.56 万公里。公路密度为 54.15 公里/百平方公里，增加 1.94 公里/百平方公里。全国高速公路里程为 16.10 万公里，增加 1.14 万公里；高速公路车道里程为 72.31 万公里，增加 5.36 万公里。国家高速公路里程为 11.30 万公里，增加 0.44 万公里[1]。到 2035 年，中国将基本建成交通强国，基本形成现代化综合交通体系，人民的出行满意度明显提高，交通运输支撑国家现代化建设的能力显著增强；中国将拥有发达的快速网、完善的干线网、广泛的基础网，城乡区域交通协调发展达到新高度。中国将加强土地、海域、无居民海岛、岸线、空域等资源节约集约利用，提升用地用海用岛效率；强化交通生态环境保护修复，严守生态保护红线，严格落实生态保护和水土保持措施，严格实施生态修复、地质环境治理恢复与土地复垦，将生态环保理念贯穿交通基础设施规划、建设、运营和养护全过程；推进生态选线选址，强化生态环保设计，避让耕地、林地、湿地等具有重要生态功能的国土空间[2]。中国在加快完善交通基础设施网络的同时，对于耕地保护和生态建设力度的不断加大，可用作新增建设用地的空间将十分有限，高速公路建设用地的供给，也面临着前所未有的压力。近年来，党中央、国务院出台了一系列严格耕地保护的政策措施，但一些地方仍然存在违规占用耕地开展非农建设的行为，有的违规占用永久基本农田绿化造林，有的在高速铁路、国道省道（含高速公路）、河渠两侧违规占用耕地超标准建设绿化带，有的大规模挖湖造景，对国家粮食安全构成威胁。国家提出要牢牢守住耕地红线，确保实有耕地数量基本稳定、质量有提升，2020 年全国耕地保有量不少于 18.65 亿亩，永久基本农田保护面积不少于 15.46 亿亩，建成 8 亿亩、力争建成 10 亿亩高标准农田，稳步提高粮食综合生产能力，为确保谷物基本自给、口粮绝对安全提供资源保障[3]。严格控制铁路、公路两侧用地范围以外绿化带用地审批，道路沿线是耕地的，两侧用地范围以外绿化带宽度不得超过 5 米，其中县乡道路不得超过 3 米。铁路、国道省道（含高速公路）、县乡道路两侧用地范围以外违规占用耕地超标准建设绿化带的要立即停止。不得违规在河渠两侧、水库周边占用耕地及永久基本农田超标准建设绿色通道。新增的绿色通道，要依法依规建设，确需占用永久基本农田的，应履行永久基本农田占用报批手续。交通、水利工程建设用地范围内的绿化用地要严格按照有关规定办理建设用地审批手续，其中涉及占用耕地的必须做到占补平衡[4]。交通运输部高度重视在交通基础设施建设中坚持集约节约用地，一直以来指导各地交通运输主管部门和建设、设计、施工等单位落实最严格的耕地保护政策。《公路工程项目建设用地指标》（建标

〔2011〕124号）中明确了各级公路的路基用地宽度。公路建设用地范围内的绿化用地，均需纳入项目建设用地严格办理审批手续。一是在规划、设计阶段，按照“统筹规划、合理布局、集约高效”原则，科学选线、布线，统筹利用运输通道资源，尽量避让基本农田，将占用土地特别是耕地情况作为方案比选论证的关键指标，有条件的地方采用桥梁、隧道方案，或采取技术措施收缩路基坡脚，以减少占地。二是在施工阶段，要尽量减少临时占地，临时设施尽量避免占用农田，要尽量利用地表的清表土进行土地复耕。同时加强土地复垦工作，在沟壑区利用多余的弃土进行造地，高效集约利用土地，造福当地群众。

二、山东层面

习近平总书记视察山东时指出，要加快基础设施互联互通，为高质量发展提供强力支撑。建设以高速公路为重要内容之一的现代化综合交通网络，是坚决落实习近平总书记视察山东重要讲话、重要指示批示精神，紧紧围绕“在全面建成小康社会进程中走在前列、在社会主义现代化建设新征程中走在前列，全面开创新时代现代化强省建设新局面”总要求的迫切需要，是贯彻新发展理念、推动高质量发展的内在要求，是解决好发展不平衡不充分问题、满足人民群众日益增长美好生活需要的必然选择。“十三五”末，全省公路通车里程达到28.68万公里，公路密度每百平方公里183公里，均居全国第3位。济青高速改扩建、潍坊至日照、巨野至单县、枣庄至菏泽等37个高速公路新建、改扩建项目建成通车，较“十二五”末新增通车里程2125公里，全省高速公路通车里程达到7473公里，由2017年底的全国第10位跃居到第 5 位，实现“县县通高速”，六车道以上高速公路增加 995 公里，占比由“十二五”末的 16%提升到 26%。特别是 2020 年，山东省 15 条新建、改扩建高速公路建成通车，新增通车里程 1026 公里，开工 5 条、598 公里高速公路。到 2025 年的“十四五”末，山东省高速公路通车里程将达到 10 000 公里，六车道以上占比将提升到 35% [5]。山东省规定要坚守土地公有制性质不改变、耕地红线不突破、农民利益不受损三条底线，坚持最严格的耕地保护制度和最严格的节约用地制度，实施耕地数量、质量、生态“三位一体”保护和加强耕地管控、建设、激励多措并举保护，落实藏粮于地、藏粮于技战略，提高粮食综合生产能力。2020 年，山东省耕地保有量不少于 11 288 万亩，永久基本农田保护面积不少于 9584 万亩，要确保建成 5982 万亩高标准农田。要严格控制建设占用耕地，强化土地规划管控和用途管制，从严控制建设占用耕地特别是优质耕地 [6]。

第二章　高速公路征地拆迁面临的困难

征地拆迁是各类工程建设的重要基础，各地方在加快工业化、城镇化建设的过程中，用地需求大幅增加，征地拆迁任务不断加重，因各种原因引发的违法违规征地拆迁行为，有增加趋势，甚至一些地方曾经因为征地拆迁引发过恶性事件，社会反响非常强烈。因此，征地拆迁一定程度上成为敏感话题。既要严格规范征地拆迁、坚决防范强征强拆等违法行为，又要切实维护高速公路沿线被征地拆迁人民群众的合法权益，政府部门、建设单位和参建人员都不同程度地存在畏难情绪。新时期新环境，高速公路建设项目作为典型的长大线性工程，如何既践行以人为本的发展理念，又顺利完成征地拆迁任务，是对我们的艰巨考验。不得不承认的是，目前征地拆迁工作已经成为制约高速公路建设发展的最大因素，经常出现工期延误、征迁范围扩大、费用超出概算等情况，主要原因分析如下：

一、综合协调难

征地拆迁贯穿高速公路建设的始终，对于项目实施、投资控制起着关键作用，而土地、房屋以及其他资产，又是沿线被征地拆迁人民群众赖以生存、生产和生活的基础，事关老百姓的根本利益。同时，高速公路建设征地拆迁，除了面临着征地里程长、征地面狭窄、跨地域多、地区间差异大、涉及面广、影响范围大的实际困难，更重要的是，需要综合协调项目可行性研究报告编制、土地预审、规划选址、文物勘探、环境影响评价等前期要件，统筹投资人招投标、矿产压覆补偿、土地组卷、开工建设等时间节点，对接各级交通运输、发展改革、财政、自然资源、生态环境[7]、住房城乡建设、水利、文化和旅游等部门，牵扯部门广泛、审批标准繁多，需要精兵强将组成专门团队、付出大量精力、加强协作配合，才能加快项目审批各项工作。因此，高速公路建设征地拆迁工作一头连着项目本身进展，甚至沿线地区经济社会的可持续发展，一头连着被征地拆迁人民群众的根本利益，是政府、社会、相关单位和个人的重要交集点，综合协调难，一旦处理不当，很可能影响征地拆迁进度，使建设单位和征地拆迁工作人员陷于被动。

二、利益博弈难

由于高速公路建设投资规模大、建设周期长，施工工地绵延数十公里乃至数百公里，在建设过程中不可避免地要涉及沿线的各行各业、有关部门、地方单位和被征地拆迁人民群众，也会不可避免地触及这些行业、部门、单位和群众的利益，从而引发高速公路建设与有关方面产生矛盾与冲突。在这种情况下，相关行业、部门、单位和个人，多数会从沿线经济社会整体利益和发展大局的角度出发，积极支持、大力配合高速公路建设单位，按时保质完成高速公路建设任务。然而，有些本应该成为高速公路建设依靠的对象，却出于本位主义、地方保护的目的，对高速公路的建设重视不够、认识不足，在征地拆迁过程中，不能够以大局为重，只重视行业利益、部门利益，认为高速公路建设与本行业、本部门无关。在处理征地拆迁与本行业、本部门利益矛盾的时候，不是努力配合、积极协商解决问题，而是尽力纠缠、不断阻挠，谋求本行业、本部门的非正常利益。如果不能达到目的，则会在配合建设单位办理有关征地拆迁手续时，或是找各种理由推诿、扯皮，或是有意使办理过程由简单变复杂，增加审批程序、拖延办理时间；或是直接间接提要求、讲费用，附加各种行业或部门的条件；等等。尤其是一些相对独立的行业，或是垂直管理的、具有垄断性质的部门，对于地方党委、政府发布的重点高速公路建设项目有关文件精神，不能认真学习领会、没有严格遵照执行，而是以本行业、本部门的利益为重，以行业内部管理规定为依据，在高速公路征地拆迁过程中进行电力、通信、输油、输气、光缆等线路迁改时，坚持高速公路沿线线路迁改施工必须要由其内部公司施工或是其指定的施工单位来承担，施工费用要按其行业标准规定来执行，上级的有关规定在这些行业或部门被刻意忽视，一旦不按照他们的要求去做，大量的管道、线路的迁改就无法开展，使协调工作难度增加、迁改施工造价增高、迁改施工进度减慢，高速公路建设进度受到严重影响。另外，因为时间紧、任务重，征地拆迁所涉及的少量沿线单位和个人，利用这一紧紧制约建设单位的条件，在征地拆迁工作中提出超标准补偿、超规定改迁，一旦其要求不能得到满足，这些单位和个人就采取不配合、不理睬的方式使征地拆迁工作陷于停顿，和高速公路建设单位比“耐力”、拼时间，出现工作人员等在现场、被征迁户却无人到来，或是虽有人在现场却不允许工作人员开展工作的现象。某些被征迁户出于自身利益，要求红线外的部分也要征收，而当地政府为推进工程进度，可能也会要求高速公路建设单位接受被征迁户的要求。各方利益博弈，导致征地拆迁工作停滞，进而制约工程进度，需要高速公路建设单位投入大量精力、人力进行艰苦协调。

三、三抢确认难

高速公路征地拆迁涉及的少量沿线单位和个人，在追求自身最大利益的驱使下，或独自、或联合，在已确定开工建设的公路路线范围内大肆进行抢建各类临时的、永久的建筑物，抢栽各种经济树木、抢种农作物，造成既成事实，以谋求得到更多的补偿。而“抢建、抢栽、抢种”由于时间较早，无法确认其“抢建、抢栽、抢种”的行为和目的，在征地拆迁过程中只能对其加以无条件的确认，并予以补偿。更有极少数被拆迁户强横野蛮、语言粗鲁、漫天要价、难以沟通，使高速公路建设项目征地拆迁工作难以推进。甚至出现追打工作人员，无理取闹阻碍调查取证工作的情况，给拆迁工作造成非常被动的局面。

四、资金落实难

资金问题也是制约高速公路建设项目征地拆迁推进的主要瓶颈，征地拆迁费用作为项目资本金，占到项目总投资的10%—20%，且一般高速公路项目征地拆迁工作约在半年到一年时间内完成，补偿款必须在规定时间内全部兑付，部分高速公路建设项目资金筹措压力大。

五、经济补偿难

征地拆迁最难的环节，莫过于经济补偿，难点主要在于初步设计阶段征地拆迁概算批复费用，与实施阶段地方政府和被征迁户达成的补偿协议之间的不匹配。导致这种情况的主要因素：一是不同地区之间的补偿标准不一致，补偿对象又千差万别，实际操作过程中很难迅速与被征迁户达成共识。虽然高速公路征地拆迁补偿标准是经政府批准发布的政策性依据，但除此之外，其他重点工程建设项目也有各自不同于高速公路的征地拆迁补偿标准。信息时代，被拆迁户很可能会了解到不同类型项目占用同地、同物的补偿标准存在很大差异，有些补偿标准间的价格相差数倍之多。二是征地拆迁责任主体是地方政府，在勘测定界、附着物清点时很难做到一把尺子量到底，相关工作人员有较大的自由裁量权。三是特殊征地拆迁对象，如军事设施、地下管线、厂矿、企业、学校等的补偿费用，通常采取评估方式，但要让评估结果得到被征迁户认同，或满足被征迁户的诉求可能会经历较长的谈判过程，难以预先精准判断。四是征地拆迁红线外环境影响评价、安全保护评估拆迁范围进一步扩大，高速公路建成后，桥梁遮阴、地下水下降、边角夹地等问题的补偿诉求增多。五是跨越、占有既有铁路，拆迁协调困难，产权所属单位补偿诉求较高。六是工程设计变更频繁、审查批复周期长、图纸提供较为滞后、征地拆迁费用概算粗浅，有时存在刻意压减现象。七是地质勘察阶段预先透露了线路走向，造成的“抢建、抢栽、抢种”现象难以得到有效控制。八是补偿标准缺失的问题影响征地拆迁工作。虽然高速公路建设单位对其他未列入的地上附着物，参照征地拆迁补偿标准中的相近情况给予适当补偿，但难以参照的或被征迁户不接受补偿标准的地上附着物，需要额外委托有资质的机构评估或认证，按评估或认证结果补偿。无征地拆迁补偿标准的，其补偿价值需要多方协商，时间较长，影响了征地拆迁工作进度。

六、阻工现象多

引起阻工问题的原因是复杂的，主要来自路地间经济利益的矛盾冲突。一是“同地不同价、经济补偿难”现象的存在，不仅使一线征地拆迁工作人员难以解释说明、疲于宣传引导，也使部分群众难以理解、不能接受，随之自然就出现了群体性的不支持、不配合，进而造成阻工现象的发生，使征地拆迁工作无法顺利进行。二是被征迁户阻工，除了补偿标准，还可能由于补偿物价值认定或地面附属物清除时间、清除方式等原因引发争议，并得不到及时满意的解决所致。三是有些阻工现象，也不排除是无理取闹，甚至个别人抱着闹一闹就能多获得补偿的心理，而刻意为之。因此，如果阻工现象不能得到及时妥善处理，会加大征地拆迁的难度，进一步影响高速公路建设项目的正常开展，同时，也很可能会导致冲突扩大，造成社会不和谐。

第三章　京台高速公路德齐段改扩建工程

一、京台高速公路德齐段改扩建工程简介

京台高速公路是“7条首都放射线中的‘射3’，是11条南北纵线、18条东西横线”之一，是国家高速网的骨架部分，向北连接北京，向南连接济南、合肥、福州、台北等中东部重要城市，地理位置十分重要。

京台高速公路德齐段改扩建工程，全长93.138公里，工程概算总投资119.55亿，于2019年7月1日开工，路线沿既有的公路加宽，共设特大桥1座、大桥3座、中小桥44座、通道（含箱通）87处、分离立交27处、涵洞98道；互通立交10处，其中枢纽互通立交3处，一般互通立交7处。全线利用监控通信分中心1处，利用养护工区2处，新建匝道收费站2处，原址改扩建匝道收费站5处，原址改扩建服务区3处。

京台高速公路德齐段改扩建工程，作为国家“十三五”规划的重点工程，2020年被山东省列为重点工程项目。这条贯穿山东南北的交通大动脉，对于加强山东西部经济隆起带、省会城市群经济圈的产业和经济联系，增强区域整体竞争力具有重要意义。

二、京台高速公路德齐段改扩建工程征拆工作

（一）征地工作

京台高速公路德齐段改扩建工程，途径德州市德城区、经开区、运河区、陵城区、平原县、禹城市、齐河县7个县（市、区），沿途穿越15个街镇、150个行政村，项目总占地面积13 441亩，其中既有用地9631亩，新征地面积3810亩，包括耕地1010亩，完成地上附着物补偿1.660 7亿元。

（二）地方环境协调工作

京台高速公路德齐段改扩建工程由于线长、面广，涉及征地拆迁、管线迁改、信访处理、工程施工期间地方关系协调等多方面工作内容。协调工作复杂、协调形势严峻，突发性强，存在诸多不确定性，需要征地拆除工作人员全天候待命，随时都有可能要进行协调沟通。自项目前期启动以来，共协调市、区有关部门，召开现场协调会 50 余场，解决地方诉求 300 余件，为施工单位快速大干和克服疫情、疑难阻工等困难提供了最有力保障。

（三）管线迁改工作

京台高速公路德齐段通车 20 年间，沿线新建多处跨线路桥等城建设施，两侧密布输油、燃气、供水管线、热力管道、国防、电信、移动、广电光缆、35KV 及以下电力线、110 千伏以上的超高压线等错综复杂的管线，管线产权单位共计 68 家，涉及迁改 427 处。为高效做好管线迁改工作，京台高速公路德齐段改扩建工程认真贯彻落实省政府专题会议纪要精神，积极与管线产权单位沟通，想方设法调动各级协调机构的主动性，以推进会、对接协商、现场勘查等手段加快管线迁改工作，累计拨付迁改费用 2.978 亿元。在各级政府、管线产权单位的大力支持下，全部完成沿线管线迁改既定工作任务。

（四）放线清点工作

京台高速公路德齐段改扩建工程与沿线各级地方政府积极联络、加强配合，共同组成了一支责任心强、素质高、经验丰富的清点队伍，大力向被征地拆迁人民群众讲解改扩建工程建设的重要意义，宣传征地拆迁政策。提前制定详细具体的应对措施，进场前印制相关法律法规汇编，配发到每个小组，并系统培训清点人员，确保精准把控政策和掌握征地范围内各类附着物。清点过程中坚持以人为本，并严格按照德州市地上附着物补偿标准执行清点，做好过程影像跟踪记录留痕，坚决杜绝“多点、漏点”和“抢建、抢栽、抢种”情况的发生，既维护被征地拆迁人民群众的合法权益，又保证了山东高速集团的利益。历时 25 天，顺利完成了京台高速公路德齐段改扩建工程全线征地放线、地上附着物清点工作，基本无遗留问题存在，为施工单位进场施工提供了条件。

征地拆迁量统计表

途经县市区	正线长度(km)	蔬菜大棚(处)	房屋拆迁(栋)	企业拆迁(家)	广告牌(块)	坟地(处)
经开区	14.3	0	21	2	56	964
运河区	5.3	0	0	2	0	0
德城区	0.8	2	3	0	2	3
陵城区	8.2	0	2	0	40	2
平原县	23.7	0	1	0	122	35
禹城市	24.9	0	24	0	102	205
齐河县	16	17	37	0	188	1417

按照省委、省政府确定的工期目标，京台高速公路德齐段改扩建工程在 2021 年 6 月底建成通车。经倒排工期，全线征地拆迁工作，于 2019 年 6 月底完成红线内征地拆迁任务，为工程建设创造了良好的施工作业面和外部环境。虽然时间紧、任务重、压力巨大，但是京台高速公路德齐段改扩建工程征地拆迁工作人员，在艰巨考验面前不忘初心、牢记使命、彰显党性、勇于担当，克服重重困难，圆满完成了各项任务，取得了优异成绩。

第四章　工可获批，项目核准

一、高速公路项目前期工作参考内容

高速公路项目前期工作是指工程项目可行性研究报告获得立项批复阶段的工作，包括项目工程可行性研究报告的编制和项目立项所需的环境影响评价、土地预审、节能评估、水土保持、矿产压覆、地质灾害、项目选址意见书、文物调查、地震安全性评价、生态环境敏感区生物多项性评价、社会稳定风险评估、项目筹资方案等一系列支撑性报告的编制，以及配合有关部门开展的报批工作。国家高速公路项目有 9 项属于国家审批，有 5 项属于省内审批。省高速公路 14 项内容全部在省内审批。

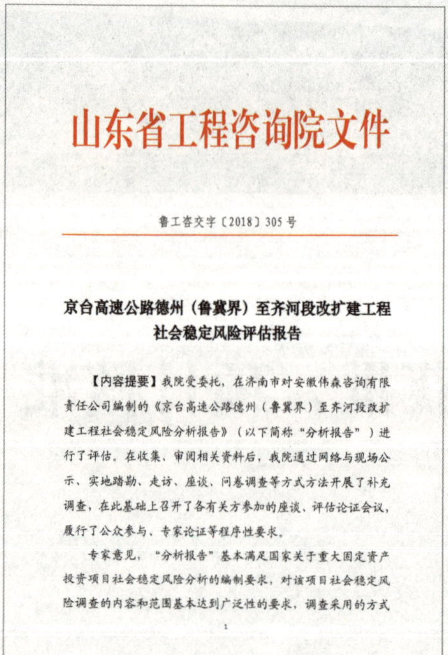
山东省工程咨询院文件

鲁工咨交字〔2018〕305 号

京台高速公路德州（鲁冀界）至齐河段改扩建工程社会稳定风险评估报告

【内容提要】我院受委托，在济南市对安徽伟森咨询有限责任公司编制的《京台高速公路德州（鲁冀界）至齐河段改扩建工程社会稳定风险分析报告》（以下简称“分析报告”）进行了评估。在收集、审阅相关资料后，我院通过网络与现场公示、实地踏勘、走访、座谈、问卷调查等方式方法开展了补充调查，在此基础上召开了各有关方参加的座谈、评估论证会议，履行了公众参与、专家论证等程序性要求。

专家意见，“分析报告”基本满足国家关于重大固定资产投资项目社会稳定风险分析的编制要求，对该项目社会稳定风险调查的内容和范围基本达到广泛性的要求，调查采用的方式

1

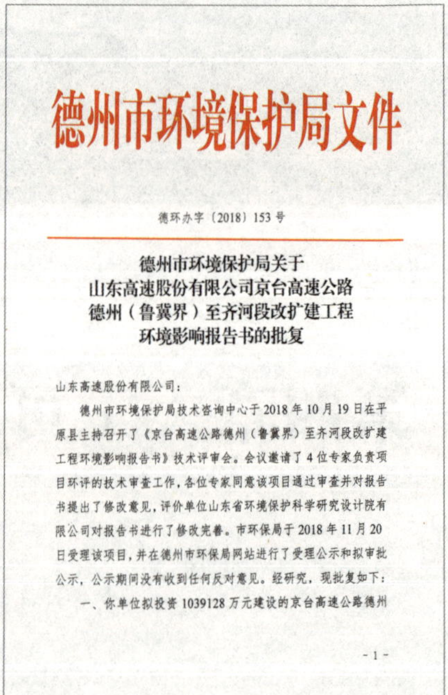
德州市环境保护局文件

德环办字〔2018〕153 号

德州市环境保护局关于山东高速股份有限公司京台高速公路德州（鲁冀界）至齐河段改扩建工程环境影响报告书的批复

山东高速股份有限公司：

德州市环境保护局技术咨询中心于 2018 年 10 月 19 日在平原县主持召开了《京台高速公路德州（鲁冀界）至齐河段改扩建工程环境影响报告书》技术评审会。会议邀请了 4 位专家负责项目环评的技术审查工作，各位专家同意该项目通过审查并对报告书提出了修改意见，评价单位山东省环境保护科学研究设计院有限公司对报告书进行了修改完善。市环保局于 2018 年 11 月 20 日受理该项目，并在德州市环保局网站进行了受理公示和拟审批公示，公示期间没有收到任何反对意见。经研究，现批复如下：

一、你单位拟投资 1039128 万元建设的京台高速公路德州

- 1 -

山东省文物局

鲁文许〔2017〕155号

关于京台高速公路德州（鲁冀界）至齐河段改扩建工程选址的意见

山东高速股份有限公司：

你公司《关于申请开展京台高速公路德州（鲁冀界）至齐河段改扩建工程出具选址意见的函》（〔2017〕鲁高股份建函15号）及相关材料收悉，我局已经组织考古专业机构完成了该工程的考古调查勘探工作。根据《中华人民共和国文物保护法》、《山东省文物保护条例》等有关法律法规规定，经研究，我局提出意见如下：

一、原则同意京台高速公路德州（鲁冀界）至齐河段改扩建工程起于鲁冀界主线收费站，经德州市德城区、陵城区、平原县、禹城市、齐河县，止于齐河县津浦铁路线南晏城枢纽，全长约93公里的路由选址。

二、鉴于地下文物埋藏的复杂性，请当地文物行政部门对

－1－

水利部行政许可文件

水许可决〔2018〕4号

京台高速公路德州（鲁冀界）至齐河段改扩建工程水土保持方案审批准予行政许可决定书

山东高速股份有限公司：

本机关于2017年11月15日受理你公司提出的京台高速公路德州（鲁冀界）至齐河段改扩建工程水土保持方案审批申请（〔2017〕鲁高股份建函23号）。经审查，该申请符合法定条件，根据《中华人民共和国行政许可法》第三十八条第一款、《水行政许可实施办法》第三十二条第一项，决定准予行政许可。

一、水土保持方案总体意见

— 1 —

国家高速公路项目前期工作审批权限划分

序号	内容	批复
1	工可报告	国家审批
2	发改委咨询评估意见	
3	交通运输行业审查意见	
4	环评报告批复	
5	水保方案批复	
6	土地预审批复	
7	节能评估	
8	社会稳定风险评估	
9	项目筹资方案	
10	地质灾害评估批复	省内审批
11	矿产压覆批复	
12	文物古迹影响评价备案	
13	地震安全性批复	
14	项目选址意见书	

二、高速公路项目前期工作参考流程

（一）国家高速公路项目

1. 根据《国家发展改革委关于国家高速公路建设有关问题的通知》（发改交运〔2007〕720号）规定："凡需要审批的国家高速公路网规划内的项目，直接审批工程可行性研究报告。"

2. 省交通运输厅委托具备相应资质的咨询单位编制工程可行性研究报告，报告编制完成后，省交通运输厅组织专家、项目所在地的市县两级人民政府进行预审，统一意见，推荐科学合理的路线方案，送省发改委转报国家发改委、交通运输部审批。同时，建设单位履行项目前期业主职责，开展环评、水保、土地预审等支撑性文件的编制与报批。

3. 国家发改委、交通运输部接到工程可行性研究报告后，分别委托咨询评估单位，赴现场进行审查，提出初步咨询、审查意见。工程可行性研究报告编制单位按咨询、审查意见修改完善后，经省级交通运输主管部门审核确认，报送工程可行性研究报告咨询、审查单位。咨询、审查单位核实后，出具咨询评估报告、初步审查意见分别报送国家发改委和交通运输部，交通运输部出具行业审查意见报送国家发改委。

4. 项目所在地的市级人民政府负责委托具有相应资质的单位完成环评、水保方案、土地预审、节能评估、社会稳定风险评估等报告的编制后，报省级相关职能部门（环评报生态环境厅、水保方案报水利厅、土地预审报自然资源厅、节能评估报发改委、社会稳定风险评估报发改委），由其负责向国家相关部门报批，项目所在地的市级人民政府配合。地质灾害评估、矿产压覆、文物古迹影响评价、地震安全性批复、项目选址意见书等由项目所在地的市级人民政府报省级相关职能部门审批（地质灾害评估报自然资源厅、矿产压覆报自然资源厅、文物古迹影响评价报文化和旅游厅、地震安全性批复报地震局、项目选址意见书报住房和城乡建设厅）。

5. 建设资金由资本金、金融资金两部分组成，资本金由建设单位筹措，金融资金由银行贷款，需银行总行审贷会审查通过后，出具银行贷款承诺函。项目筹资方案由省交通运输厅行文报省发改委，并由其转报国家发改委。

6. 所有 13 项支撑性报件获批后，由国家发改委批复工程可行性研究报告（批复文件经相关司局会签，分管委领导签批后，需主任办公会研究通过）。

（二）省高速公路项目

省高速公路项目由省发改委审批，前期工作的所有内容及报批工作均由项目所在地的市级人民政府负责。省交通运输厅收到工程可行性研究报告后交由专家进行审查，出具咨询评估报告。省交通运输厅组织专家及项目所在地的市级人民政府进行审查，形成行业审查意见，送省发改委审批。省发改委组织咨询单位进行审查，出具咨询意见报省发改委。环评、水保方案、土地预审、节能评估、社会稳定风险评估、地质灾害评估、矿产压覆、文物古迹影响评价、地震安全性批复、项目选址意见书等支撑性报件，由地方政府完成报告编制后，报省级相关部门审批。13 项支撑性报件批复完成后，由省发改委批复工程可行性研究报告。

“放管服”改革后的高速公路项目建设前期工作参考流程

阶段	序号	基本程序	前置要件	审批部门
一	1	根据国家或省高速公路网规划，编制项目可行性研究报告，并对项目可行性研究报告进行咨询评估	国家或省高速公路网规划	省交通运输厅
二	2	根据通过评估的可行性研究报告等7个前置要件，报批可行性研究报告	①《项目可行性研究报告》及其专家咨询评估意见 ②省级城乡规划主管部门出具的关于项目选址审查意见 ③省级自然资源主管部门出具的关于项目用地预审意见 ④省级生态环境主管部门出具的关于项目环境影响评价报告审查意见 ⑤项目所在地人民政府出具的关于项目社会稳定风险评估报告的意见 ⑥国家或省级交通运输主管部门出具的关于项目行业审查意见 ⑦项目筹资方案及资金证明	省发改委

续表

阶段	序号	基本程序	前置要件	审批部门
三	3	根据批准的可行性研究报告，编制初步设计文件	省发改委关于项目可行性研究报告的批复文件	省交通运输厅
	4	根据批准的初步设计文件，编制施工图设计文件	国家或省级交通运输主管部门关于初步设计文件的审查意见	交通运输部或省交通运输厅
四	5	根据批准的施工图设计文件，组织项目招标	国家或省级交通运输主管部门关于施工图设计文件的审查意见	交通运输部或省交通运输厅
五	6	根据国家有关规定，进行征地拆迁等施工前准备工作，并向省级交通运输主管部门申报项目施工许可	自然资源部门关于项目用地批复文件	省交通运输厅
			项目施工和监理招标系列文件	
	7	根据批准的项目施工许可，组织项目实施	省级交通运输主管部门颁发《开工令》（已下放市）	省交通运输厅

1. 交通运输部《公路建设监督管理办法》（交通部令 2006 年第 6 号）第十条：“企业投资公路建设项目的实施，应当按照下列程序进行：

（一）根据规划，编制工程可行性研究报告；

（二）组织投资人招标工作，依法确定投资人；

（三）投资人编制项目申请报告，按规定报项目审批部门核准；

（四）根据核准的项目申请报告，编制初步设计文件，其中涉及公共利益、公众安全、工程建设强制性标准的内容应当按项目隶属关系报交通主管部门审查；

（五）根据初步设计文件编制施工图设计文件；

（六）根据批准的施工图设计文件组织项目招标；

（七）根据国家有关规定，进行征地拆迁等施工前准备工作，并向交通主管部门申报施工许可；

（八）根据批准的项目施工许可，组织项目实施；

（九）项目完工后，编制竣工图表、工程决算和竣工财务决算，办理项目交、竣工验收；

（十）竣工验收合格后，组织项目后评价。”

2. 2015 年 11 月 4 日，国务院总理李克强主持召开国务院常务会议，决定精简优化企业投资和高速公路审批，推动扩内需惠民生。会议决定，取消和下放节能评估、压覆矿审批等，将高速公路审批前置要件从 17 项减为选址、用地、环评等 7 项，对具备条件的报建手续推行“先建后验”。同一投资项目审批所涉事项要协同下放，将其中涉及重大规划布局、重要资源开发配置等项目审批核准权留在省、市级政府。对必要的中介服务实行清单管理，探索整合高速公路项目节能、地质灾害等专题评价，实行联合评估评审。推行网上并联审批，加快在线审批监管平台纵向贯通，用公开便捷的政府服务释放促发展、惠民生新红利。

3. 2015 年 11 月 6 日，国务院新闻办公室在国务院新闻办新闻发布厅举行国务院政策例行吹风会，发展改革委副主任胡祖才指出：根据国家发改委和有关部门商量提出 4 条关于优化精简高速公路审批的意见：“一、精简审批事项，首先要减少前置条件。我刚才介绍了企业投资核准项目的前置要改善两项半。高速公路，现在85%的项目主要有车购税资金的投入，所以实行审批制度。经过梳理后，现在总共前置条件有17项，这次要改为前置，只保留选址、用地、环评，如果包括社会稳评、行业审批意见、评估报告加起来是七项，剩下都是并联办理。二、整合审批事项。刚才讲分级的问题，将来都整合到最高层级，最高层级可以一次办理。还有部门很多，要整合审核事项，提高效率。减少报建手续。开工前还有很多报建手续，这些手续将来都要通过规范和标准来监管，改成先建后验、事中事后监管来实现精简审批事项。还要整合评审事项，有的取消，不再重复进行评审。三是要推行在线审批，依托在线审批监管平台进行在线审批，这样实现‘一口受理，网上办理、规范透明、限时办结’。四、规范中介服务。加快清理和规范国务院部门与公路审批相关的中介服务，要求中介机构不断提高服务质量和效率。”

4.《生态环境部关于生态环境领域进一步深化“放管服”改革，推动经济高质量发展的指导意见》（环规财〔2018〕86号）规定：“各级生态环境部门不得违规设置或保留水土保持、行业预审等环评审批的前置条件。涉及法定保护区域的项目，在符合法律法规规定的前提下，主管部门意见不作为环评审批的前置条件。”

5.《国家发展改革委关于进一步下放政府投资交通项目审批权的通知》（发改基础〔2017〕189号）规定：“列入国家批准的相关规划中的新建高速公路项目，由省级政府审批可行性研究报告。”

6.《国家发展改革委办公厅关于国家高速公路网新建政府和

社会资本合作项目批复方式的通知》（发改办基础〔2016〕1818号）："政府采用资本金注入方式参与的国家高速公路网新建PPP（Public-Private Partnership，政府和社会资本合作）项目仍按照审批制管理，直接报批可行性研究报告。"

7. 其他：国家高速公路项目需经过交通运输部，省级高速公路项目无需经过交通运输部。

水利部专家对项目水土保持方案进行审查

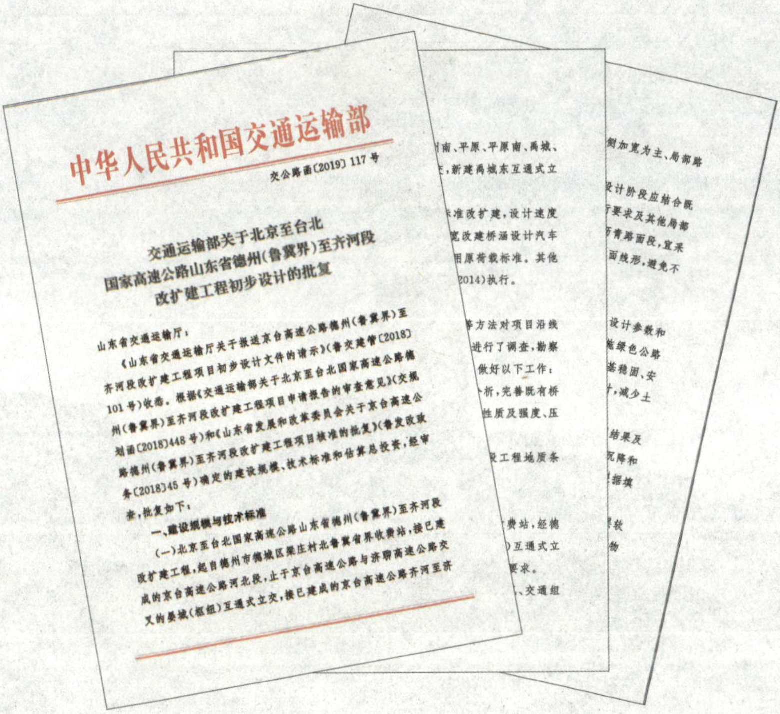

中华人民共和国交通运输部

交公路函〔2019〕117号

交通运输部关于北京至台北国家高速公路山东省德州(鲁冀界)至齐河段改扩建工程初步设计的批复

山东省交通运输厅：

《山东省交通运输厅关于报送京台高速公路德州(鲁冀界)至齐河段改扩建工程项目初步设计文件的请示》(鲁交建管〔2018〕101号)收悉。根据《交通运输部关于北京至台北国家高速公路德州(鲁冀界)至齐河段改扩建工程项目申请报告的审查意见》(交规划函〔2018〕448号)和《山东省发展和改革委员会关于京台高速公路德州(鲁冀界)至齐河段改扩建工程项目核准的批复》(鲁发改政务〔2018〕45号)确定的建设规模、技术标准和估算总投资，经审查，批复如下：

一、建设规模与技术标准

(一)北京至台北国家高速公路山东省德州(鲁冀界)至齐河段改扩建工程，起自德州市德城区梁庄村北鲁冀省界收费站，接已建成的京台高速公路河北段，止于京台高速公路与济聊高速公路交叉的晏城(枢纽)互通式立交，接已建成的京台高速公路齐河至济

交通运输部关于北京至台北国家高速公路山东省德州（鲁冀界）至齐河段改扩建工程初步设计的批复

第五章　签订协议，界定职责

为及时完成京台高速公路德齐段改扩建工程征地拆迁任务，创造和维护优良的建设施工环境，山东高速股份有限公司与京台高速公路德州（鲁冀界）至齐河段改扩建工程项目指挥部签订了《京台高速公路德齐段改扩建项目建设管理服务协议书》，通过协议约束各方行为、界定各自责任。

一、甲方山东高速股份有限公司责任

1. 甲方成立山东高速股份有限公司京台高速公路德齐段改扩建工程项目建设管理办公室（以下简称“项目办”），具体负责京台高速公路德齐段改扩建项目的建设管理工作。

2. 传达上级有关本项目建设的方针政策及有关要求，定期或不定期向乙方通报本项目的进展情况。

3. 因本项目施工变更涉及地方群众利益时，邀请乙方派代表参与意见，制定切实可行的实施方案。

4. 协助乙方搞好沿线征地拆迁的宣传、协调工作。

5. 及时拨付各项资金。

6. 负责做好因工程建设造成地方道路损毁的修复与改路、改渠、改河等项目实施工作，尽可能减少对沿线群众生产、生活造成的影响。

7. 就施工过程中的各种干扰，及时与乙方进行沟通联系，避免激化各类施工矛盾。

8. 按照国家有关法律法规等规定，及时足额向乙方拨付相关征地费用，并监督使用。

9. 督促施工单位在本项目建设期间做好环保、安全等工作，按国家有关规定和规范要求，设置隔音、降噪等环保及安全设施，避免因施工噪音、扬尘影响沿途群众的生产生活。

10. 对乙方各方面工作作出评价，按双方约定进行奖惩。

二、乙方京台高速公路德州（鲁冀界）至齐河段改扩建工程项目指挥部责任

1. 负责组建京台高速公路德齐段改扩建项目建设领导小组，按省政府会议纪要要求，设立市、县（市、区）专职办公室（以下简称“市指挥部”、“县［市、区］指挥部”）负责落实耕地占补平衡指标、征地拆迁、管线迁移、补偿安置、取土场征用、基本农田补划、压覆矿产协调、建设环境维护等方面的主体责任，县（市、区）级指挥部设立京台高速公路德齐段改扩建项目专用账户，并报甲方备案。

2. 在工程工期要求的时间内，及时提供土地利用规划调整意见，按国家有关要求编制“一书四方案”及用地报批资料，报送有关行政部门批准。

3. 本项目用地经批复后，协助甲方完成原有公路用地界线确认工作，及时完成新增建设用地的登记确权工作。

4. 征地拆迁工作：

（1）负责本项目建设永久占地的征用、界桩埋设、确权、补偿和地面附着物的清点、拆迁及补偿工作；取土场、弃土场的征用、复耕。

（2）配合执法单位清理、拆除京台高速公路原用地范围内及建筑控制区内已有的违章建筑物或其他地面建筑，以及公路标志以外的其他标志。本项目施工期间，协助甲方加强对扩建后的京台高速公路建筑控制区（公路用地两侧外 50 米）的管理。

（3）及时编制并向甲方提供土地征用、拆迁、补偿的相关资料，以利于甲方以此为依据，及时拨付相关费用。征地补偿费用

要专款专用，严禁挪用、截留、挤占，确保及时足额用于本项目的征地拆迁工作。按国家有关法律法规等规定，向有关部门缴纳征地及相关税费。

(4) 配合协助本项目关于土地征用、拆迁、补偿等问题的延伸审计工作，协助完成项目后期相关审计工作。制定切实可行的征地拆迁实施方案，严格执行有关政策，准确掌握拆迁数量，严格执行补偿标准，切实维护广大群众的合法利益，不出现遗留问题。

5. 加强拟征用土地管理。采取有力措施，确保拟征地范围内的土地、水面、农作物及地上地下附着物维持现状（农作物成熟收割除外），拟安置人口不出现非自然增加情形；拟征地范围内不出现擅自取土（挖沙）、抢种农作物、增设建筑物等有损拟征用土地现状及非法增加征地补偿费用的违法、违章抢建、抢种事件。地面附着物的拆迁补偿数量，应以设计部门概算调查数量为基础，以市区两级指挥部及相关部门现场调查，并经项目办核实的数量为依据，此后新增的地面附着物应一律无偿拆除。

6. 负责协调变更设计调整用地的征用，并尽快向甲方提供调整用地的合法使用手续和相关资料。

7. 及时提供项目建设用地，确保施工单位顺利进场施工。

(1) 负责因本项目主线永久占地而造成的个别地块耕种不便、渠道不畅等问题的协调。

(2) 在本项目建设期间，负责协调工程参建单位与沿线基层组织和群众关系，依法处理施工过程中的各种干扰，严禁强装强卸、强买强卖、强揽工程，做好施工环境的保障服务工作，及时协调解决工程建设中的各种矛盾和问题，确保良好的施工环境。

(3) 协助工程在建期间当地交通疏导、车辆分流和管理方面工作，确保避免拥堵现象。工程通车后，协助施工单位退场。

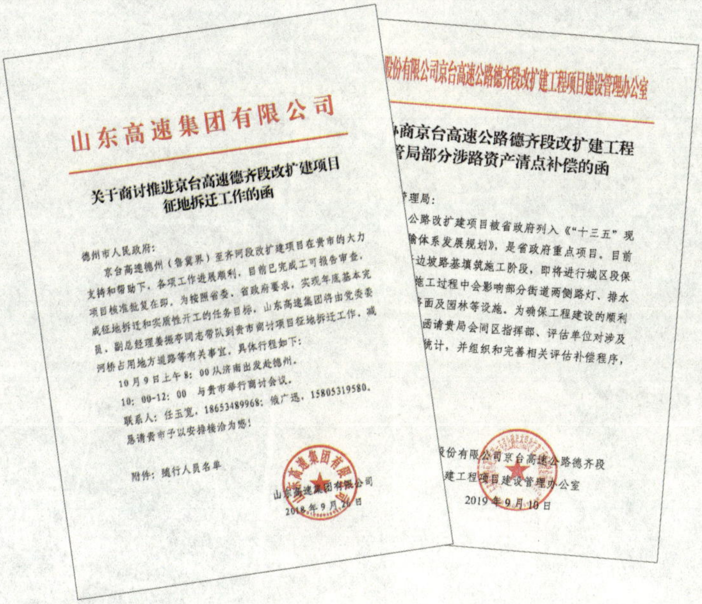

山东高速集团有限公司

关于商讨推进京台高速德齐段改扩建项目征地拆迁工作的函

德州市人民政府：

京台高速德州（鲁冀界）至齐河段改扩建项目在贵市的大力支持和帮助下，各项工作进展顺利，目前已完成工可报告审查，项目核准批复在即，为按照省委、省政府要求，实现年底基本完成征地拆迁和实质性开工的任务目标，山东高速集团将由党委委员、副总经理姜振亭同志带队到贵市商讨项目征地拆迁工作，减河桥占用地方道路等有关事宜，具体行程如下：

10月9日上午8：00从济南出发赴德州。

10：00-12：00 与贵市举行商讨会议。

联系人：任玉宽，18653489968；饶广迅，15805319580。

恳请贵市予以安排接洽为感！

附件：随行人员名单

山东高速集团有限公司
2018年9月26日

股份有限公司京台高速公路德齐段改扩建工程项目建设管理办公室

协商京台高速公路德齐段改扩建工程
管局部分涉路资产清点补偿的函

管理局：

公路改扩建项目被省政府列入《“十三五”现
输体系发展规划》，是省政府重点项目。目前
边坡路基填筑施工阶段，即将进行城区段保
施工过程中会影响部分街道两侧路灯、排水
路面及园林等设施。为确保工程建设的顺利
函请贵局会同区指挥部、评估单位对涉及
统计，并组织和完善相关评估补偿程序，

股份有限公司京台高速公路德齐段
建工程项目建设管理办公室
2019年9月10日

8. 施工过程中协调相关部门办理相应手续。

（1）协助办理项目在建期间跨越河流、铁路、水电、通信等设施，协调地方水电、通讯、消防、卫生、治安、安监、工商、税务等相关部门，办理落实相应手续。

（2）协助房建、机电工程施工单位协调地方电力部门，为房建工程建设和机电设备调试，提供临时用电。协助甲方协调地方有关行政部门办理本项目管理设施、服务设施的供配电、供水、消防、环保、人防、城市建设配套及城市规划区内规划审批等相关手续。

（3）协调文物保护、国土资源、水利和渔业、林业等有关部门，协助签订有关补偿协议，办理有关施工许可手续。

9. 在交工验收后，在要求时间内，按照国家档案管理有关规定，将有关土地征用、地面附着物清点、补偿、管线拆迁等正式资料整理齐全，交给甲方复印件一套。交工验收后，因工程造成三改用位置进行管养界面划分，分清归属。

第六章　明确目标，完善组织

京台高速公路德齐段改扩建工程概算总投资 119.55 亿元，其中土地征用及拆迁补偿费概算为 15.1 亿元，历时 25 天，顺利完成全线征地放线、地上附着物清点工作，为施工单位进场施工提供了条件。对于征地拆迁，京台高速公路德齐段改扩建工程明确工作目标，各级责任落实到人，加强与地方政府配合，征拆工作界面清晰，前期工作落实到位，征地拆迁基础扎实，勘测定界专人跟踪，房屋测量同步推进，具体做法主要是：

一、明确工作目标

京台高速公路德齐段改扩建工程开工建设以来，坚决贯彻落实山东省委、省政府及山东高速集团的决策部署，始终把“确保征拆任务不放松、实现按期通车不动摇”这一目标，作为工作的立足点和出发点，提高政治站位，明确党建引领，旗帜鲜明地围绕这一目标，采取工作措施，加强检查指导，强力推进项目征地拆迁各项工作。同时，京台高速公路德齐段改扩建工程把维护被征地拆迁人民群众的合法利益放在征地拆迁工作的首位，基于国企社会责任和政治担当，在法律和政策的界定范围之内，“不与民争利”、“让利于民”，认真落实中央和省市人民政府有关征拆补偿政策，保证各项补偿依法、及时、足额兑现到位，妥善解决与被征迁户生产、生活息息相关的土地、房屋拆迁和安置等问题。

二、完善组织机构

京台高速公路德齐段改扩建工程沟通对接德州市人民政府，成立项目建设协调领导机构京台高速公路德州（鲁冀界）至齐河段改扩建工程项目指挥部（以下简称“市指挥部”），沟通对接沿线县级地方政府，分别成立德城区京台高速公路改扩建工程项目指挥部，德州经济技术开发区京台高速公路改扩建工程项目指挥部，德州运河经济开发区京台高速公路建设指挥部，德州市陵城区京台高速改扩建工程项目指挥部，平原县京台高速公路改扩建工程项目指挥部，禹城市高速公路工程建设指挥部，京台高速公路德州（鲁冀界）至齐河段改扩建工程齐河段项目指挥部（以下简称“各县［市、区］指挥部”），参建单位也设立专门协调部门，专职负责京台高速公路德齐段改扩建工程征地拆迁工作。

组织地方政府（禹城）协调推进会

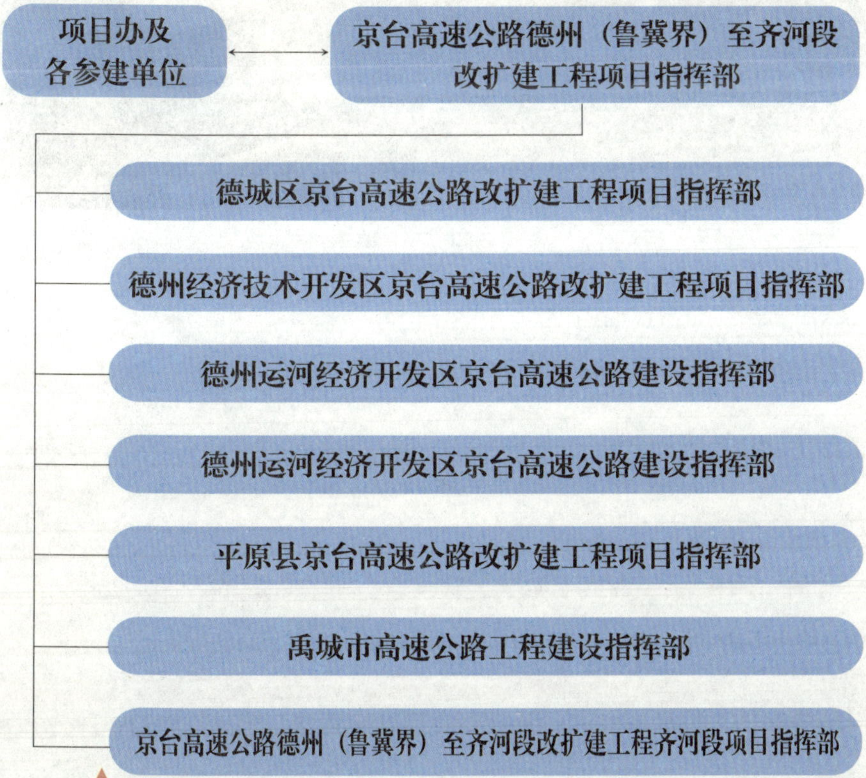

京台高速公路德齐段改扩建工程征地拆迁组织机构框架图

SANY

第七章　梳理依据，明确标准

随着全面从严治党不断向纵深推进，新形势新任务对于高速公路建设项目征地拆迁工作的要求倍增、对征地拆迁工作人员能力水平的要求倍增。因此，一方面，京台高速公路德齐段改扩建工程在履行征地拆迁职责过程中，不断提高政治站位、始终坚持实事求是，积极担当、主动作为，梳理政策依据、明确工作标准，为征地拆迁人员依法依规、照章办事、避免激化矛盾，打下了坚实基础。另一方面，从严管党治党，要求我们对党员干部和行使公权力工作人员的监督全覆盖。京台高速公路德齐段改扩建工程认为：严管即是厚爱，所以要求全体征地拆迁人员既要敢于担当、勇于履责，又要时刻牢记手中的各项职责及权力，源自党章党规党纪和法律法规规章规范性文件，必须严格依照党的原则、纪律、规矩和法定权限、规则、程序办事。如此，才能让全社会在征地拆迁工作成果中感受到党中央全面从严治党的决心，感受到法律法规、政策规定的严肃性，感受到征地拆迁工作人员的认真负责，让被征地拆迁人民群众真心理解、真情拥护。同时，依法依规履行职责，必须坚持实事求是。在征地拆迁工作具体实践中，实事求是体现为坚持一切从实际出发，历史地、全面地、客观地看待征地拆迁过程中出现的问题，精准分析、客观公正，决不随意放大或缩小，防止主观性、片面性和简单化、表面化。因此，为落实“精准发现问题、精准把握政策、精准作出处置”的“三个精准”要求，京台高速公路德齐段改扩建工程梳理了征地拆迁相关法律、法规、规章、规范性文件及其关键条款，作为京台高速公路德齐段改扩建工程征地拆迁工作的重要依据。

一、《中国共产党章程》（节选）

《中国共产党章程》于中国共产党第十九次全国代表大会部分修改，2017 年 10月 24 日通过。

第三条　党员必须履行下列义务：

（一）认真学习马克思列宁主义、毛泽东思想、邓小平理论、“三个代表”重要思想、科学发展观、习近平新时代中国特色社会主义思想，学习党的路线、方针、政策和决议，学习党的基本知识，学习科学、文化、法律和业务知识，努力提高为人民服务的本领。

（二）贯彻执行党的基本路线和各项方针、政策，带头参加改革开放和社会主义现代化建设，带动群众为经济发展和社会进步艰苦奋斗，在生产、工作、学习和社会生活中起先锋模范作用。

（三）坚持党和人民的利益高于一切，个人利益服从党和人民的利益，吃苦在前，享受在后，克己奉公，多做贡献。

（四）自觉遵守党的纪律，首先是党的政治纪律和政治规矩，模范遵守国家的法律法规，严格保守党和国家的秘密，执行党的决定，服从组织分配，积极完成党的任务。

（五）维护党的团结和统一，对党忠诚老实，言行一致，坚决反对一切派别组织和小集团活动，反对阳奉阴违的两面派行为和一切阴谋诡计。

（六）切实开展批评和自我批评，勇于揭露和纠正违反党的原则的言行和工作中的缺点、错误，坚决同消极腐败现象作斗争。

（七）密切联系群众，向群众宣传党的主张，遇事同群众商量，及时向党反映群众的意见和要求，维护群众的正当利益。

（八）发扬社会主义新风尚，带头实践社会主义核心价值观和社会主义荣辱观，提倡共产主义道德，弘扬中华民族传统美德，为了保护国家和人民的利益，在一切困难和危险的时刻挺身而出，英勇斗争，不怕牺牲。

二、《中国共产党纪律处分条例》（节选）

《中国共产党纪律处分条例》于2018年7月31日，中共中央政治局召开会议审议，8月26日公布，自10月1日起施行。

党的纪律主要包括政治纪律、组织纪律、廉洁纪律、群众纪律、工作纪律、生活纪律，我们针对高速公路征地拆迁工作特点，特梳理出了廉洁纪律与群众纪律有关内容：

第八章　对违反廉洁纪律行为的处分

第八十五条　党员干部必须正确行使人民赋予的权力，清正廉洁，反对任何滥用职权、谋求私利的行为。

第八十八条　收受可能影响公正执行公务的礼品、礼金、消费卡和有价证券、股权、其他金融产品等财物，情节较轻的，给予警告或者严重警告处分；情节较重的，给予撤销党内职务或者留党察看处分；情节严重的，给予开除党籍处分。

第九十二条　接受、提供可能影响公正执行公务的宴请或者旅游、健身、娱乐等活动安排，情节较重的，给予警告或者严重警告处分；情节严重的，给予撤销党内职务或者留党察看处分。

第九十三条　违反有关规定取得、持有、实际使用运动健身卡、会所和俱乐部会员卡、高尔夫球卡等各种消费卡，或者违反有关规定出入私人会所，情节较重的，给予警告或者严重警告处分；情节严重的，给予撤销党内职务或者留党察看处分。

第九十四条　利用参与企业重组改制、定向增发、兼并投资、土地使用权出让等决策、审批过程中掌握的信息买卖股票，利用职权或者职务上的影响通过购买信托产品、基金等方式非正常获利的，依照前款规定处理。

第一百零一条　利用职权或者职务上的影响，侵占非本人经管的公私财物，或者以象征性地支付钱款等方式侵占公私财物，或者无偿、象征性地支付报酬接受服务、使用劳务，情节较轻的，给予警告或者严重警告处分；情节较重的，给予撤销党内职务或者留党察看处分；情节严重的，给予开除党籍处分。

利用职权或者职务上的影响，将本人、配偶、子女及其配偶等亲属应当由个人支付的费用，由下属单位、其他单位或者他人支付、报销的，依照前款规定处理。

第一百零三条　违反有关规定组织、参加用公款支付的宴请、高消费娱乐、健身活动，或者用公款购买赠送或者发放礼品、消费卡（券）等，对直接责任者和领导责任者，情节较轻的，给予警告或者严重警告处分；情节较重的，给予撤销党内职务或者留党察看处分；情节严重的，给予开除党籍处分。

第一百一十一条　有其他违反廉洁纪律规定行为的，应当视具体情节给予警告直至开除党籍处分。

第九章　对违反群众纪律行为的处分

第一百一十二条　有下列行为之一，对直接责任者和领导责任者，情节较轻的，给予警告或者严重警告处分；情节较重的，给予撤销党内职务或者留党察看处分；情节严重的，给予开除党籍处分：

（一）超标准、超范围向群众筹资筹劳、摊派费用，加重群众负担的；

（二）违反有关规定扣留、收缴群众款物或者处罚群众的；

（三）克扣群众财物，或者违反有关规定拖欠群众钱款的；

（四）在管理、服务活动中违反有关规定收取费用的；

（五）在办理涉及群众事务时刁难群众、吃拿卡要的；

（六）有其他侵害群众利益行为的。

在扶贫领域有上述行为的，从重或者加重处分。

第一百一十四条　在社会保障、政策扶持、扶贫脱贫、救灾救济款物分配等事项中优亲厚友、明显有失公平的，给予警告或者严重警告处分；情节较重的，给予撤销党内职务或者留党察看处分；情节严重的，给予开除党籍处分。

第一百一十六条　有下列行为之一，对直接责任者和领导责任者，情节较重的，给予警告或者严重警告处分；情节严重的，给予撤销党内职务或者留党察看处分：

（一）对涉及群众生产、生活等切身利益的问题依照政策或者有关规定能解决而不及时解决，庸懒无为、效率低下，造成不良影响的；

（二）对符合政策的群众诉求消极应付、推诿扯皮，损害党群、干群关系的；

（三）对待群众态度恶劣、简单粗暴，造成不良影响的；

（四）弄虚作假，欺上瞒下，损害群众利益的；

（五）有其他不作为、乱作为等损害群众利益行为的。

第一百二十条　有其他违反群众纪律规定行为的，应当视具体情节给予警告直至开除党籍处分。

三、《中华人民共和国民法典》（节选）

《中华人民共和国民法典》于 2020 年 5 月 28 日第十三届全国人民代表大会第三次会议通过。[8]

第一百一十七条　为了公共利益的需要，依照法律规定的权限和程序征收、征用不动产或者动产的，应当给予公平、合理的补偿。

第二百四十三条　为了公共利益的需要，依照法律规定的权限和程序可以征收集体所有的土地和组织、个人的房屋以及其他不动产。

征收集体所有的土地，应当依法及时足额支付土地补偿费、安置补助费以及农村村民住宅、其他地上附着物和青苗等的补偿费用，并安排被征地农民的社会保障费用，保障被征地农民的生活，维护被征地农民的合法权益。

征收组织、个人的房屋以及其他不动产，应当依法给予征收补偿，维护被征收人的合法权益；征收个人住宅的，还应当保障被征收人的居住条件。

任何组织或者个人不得贪污、挪用、私分、截留、拖欠征收补偿费等费用。

第二百四十四条　国家对耕地实行特殊保护，严格限制农用地转为建设用地，控制建设用地总量。不得违反法律规定的权限和程序征收集体所有的土地。

四、《中华人民共和国土地管理法》（节选）

《中华人民共和国土地管理法》，根据2004年8月28日第十届全国人民代表大会常务委员会第十一次会议《关于修改〈中华人民共和国土地管理法〉的决定》第二次修正；根据2019年8月26日第十三届全国人民代表大会常务委员会第十二次会议《关于修改〈中华人民共和国土地管理法〉、〈中华人民共和国城市房地产管理法〉的决定》第三次修正。[9]

第十条　国有土地和农民集体所有的土地，可以依法确定给单位或者个人使用。使用土地的单位和个人，有保护、管理和合理利用土地的义务。

第三十条　国家保护耕地，严格控制耕地转为非耕地。

国家实行占用耕地补偿制度。非农业建设经批准占用耕地的，按照“占多少，垦多少”的原则，由占用耕地的单位负责开垦与所占用耕地的数量和质量相当的耕地；没有条件开垦或者开垦的耕地不符合要求的，应当按照省、自治区、直辖市的规定缴纳耕地开垦费，专款用于开垦新的耕地。

第四十五条　为了公共利益的需要，有下列情形之一，确需征收农民集体所有的土地的，可以依法实施征收：

……

（二）由政府组织实施的能源、交通、水利、通信、邮政等基础设施建设需要用地的；

……

第四十七条　国家征收土地的，依照法定程序批准后，由县级以上地方人民政府予以公告并组织实施。

县级以上地方人民政府拟申请征收土地的，应当开展拟征收土地现状调查和社会稳定风险评估，并将征收范围、土地现状、征收目的、补偿标准、安置方式和社会保障等在拟征收土地所在的乡（镇）和村、村民小组范围内公告至少三十日，听取被征地的农村集体经济组织及其成员、村民委员会和其他利害关系人的意见。

多数被征地的农村集体经济组织成员认为征地补偿安置方案不符合法律、法规规定的，县级以上地方人民政府应当组织召开听证会，并根据法律、法规的规定和听证会情况修改方案。

拟征收土地的所有权人、使用权人应当在公告规定期限内，持不动产权属证明材料办理补偿登记。县级以上地方人民政府应当组织有关部门测算并落实有关费用，保证足额到位，与拟征收土地的所有权人、使用权人就补偿、安置等签订协议；个别确实难以达成协议的，应当在申请征收土地时如实说明。

相关前期工作完成后，县级以上地方人民政府方可申请征收土地。

第四十八条　征收土地应当给予公平、合理的补偿，保障被征地农民原有生活水平不降低、长远生计有保障。

征收土地应当依法及时足额支付土地补偿费、安置补助费以及农村村民住宅、其他地上附着物和青苗等的补偿费用，并安排被征地农民的社会保障费用。

征收农用地的土地补偿费、安置补助费标准由省、自治区、直辖市通过制定公布区片综合地价确定。制定区片综合地价应当综合考虑土地原用途、土地资源条件、土地产值、土地区位、土地供求关系、人口以及经济社会发展水平等因素，并至少每三年调整或者重新公布一次。

征收农用地以外的其他土地、地上附着物和青苗等的补偿标准，由省、自治区、直辖市制定。对其中的农村村民住宅，应当按照先补偿后搬迁、居住条件有改善的原则，尊重农村村民意愿，采取重新安排宅基地建房、提供安置房或者货币补偿等方式给予公平、合理的补偿，并对因征收造成的搬迁、临时安置等费用予以补偿，保障农村村民居住的权利和合法的住房财产权益。

县级以上地方人民政府应当将被征地农民纳入相应的养老等社会保障体系。被征地农民的社会保障费用主要用于符合条件的被征地农民的养老保险等社会保险缴费补贴。被征地农民社会保障费用的筹集、管理和使用办法，由省、自治区、直辖市制定。

第四十九条　被征地的农村集体经济组织应当将征收土地的补偿费用的收支状况向本集体经济组织的成员公布，接受监督。

禁止侵占、挪用被征收土地单位的征地补偿费用和其他有关费用。

第五十七条　建设项目施工和地质勘查需要临时使用国有土地或者农民集体所有的土地的，由县级以上人民政府自然资源主管部门批准。其中，在城市规划区内的临时用地，在报批前，应当先经有关城市规划行政主管部门同意。土地使用者应当根据土地权属，与有关自然资源主管部门或者农村集体经济组织、村民委员会签订临时使用土地合同，并按照合同的约定支付临时使用土地补偿费。

临时使用土地的使用者应当按照临时使用土地合同约定的用途使用土地，并不得修建永久性建筑物。

临时使用土地期限一般不超过二年。

五、《中华人民共和国土地管理法实施条例》（节选）

《中华人民共和国土地管理法实施条例》根据2014年7月29日《国务院关于修改部分行政法规的决定》第二次修订，2021年7月2日中华人民共和国国务院令第743号第三次修订。[10]

第八条　国家实行占用耕地补偿制度。在国土空间规划确定的城市和村庄、集镇建设用地范围内经依法批准占用耕地，以及在国土空间规划确定的城市和村庄、集镇建设用地范围外的能源、交通、水利、矿山、军事设施等建设项目经依法批准占用耕地的，分别由县级人民政府、农村集体经济组织和建设单位负责开垦与所占用耕地的数量和质量相当的耕地；没有条件开垦或者开垦的耕地不符合要求的，应当按照省、自治区、直辖市的规定缴纳耕地开垦费，专款用于开垦新的耕地。

省、自治区、直辖市人民政府应当组织自然资源主管部门、农业农村主管部门对开垦的耕地进行验收，确保开垦的耕地落实到地块。划入永久基本农田的还应当纳入国家永久基本农田数据库严格管理。占用耕地补充情况应当按照国家有关规定向社会公布。

个别省、直辖市需要易地开垦耕地的，依照《土地管理法》第三十二条的规定执行。

第十四条　建设项目需要使用土地的，应当符合国土空间规划、土地利用年度计划和用途管制以及节约资源、保护生态环境的要求，并严格执行建设用地标准，优先使用存量建设用地，提高建设用地使用效率。

从事土地开发利用活动，应当采取有效措施，防止、减少土壤污染，并确保建设用地符合土壤环境质量要求。

第十九条 《土地管理法》第五十五条规定的新增建设用地的土地有偿使用费，是指国家在新增建设用地中应取得的平均土地纯收益。

第二十条 建设项目施工、地质勘查需要临时使用土地的，应当尽量不占或者少占耕地。

临时用地由县级以上人民政府自然资源主管部门批准，期限一般不超过二年；建设周期较长的能源、交通、水利等基础设施建设使用的临时用地，期限不超过四年；法律、行政法规另有规定的除外。

土地使用者应当自临时用地期满之日起一年内完成土地复垦，使其达到可供利用状态，其中占用耕地的应当恢复种植条件。

第二十四条 建设项目确需占用国土空间规划确定的城市和村庄、集镇建设用地范围外的农用地，涉及占用永久基本农田的，由国务院批准；不涉及占用永久基本农田的，由国务院或者国务院授权的省、自治区、直辖市人民政府批准。具体按照下列规定办理：

（一）建设项目批准、核准前或者备案前后，由自然资源主管部门对建设项目用地事项进行审查，提出建设项目用地预审意见。建设项目需要申请核发选址意见书的，应当合并办理建设项目用地预审与选址意见书，核发建设项目用地预审与选址意见书。

（二）建设单位持建设项目的批准、核准或者备案文件，向市、县人民政府提出建设用地申请。市、县人民政府组织自然资源等部门拟订农用地转用方案，报有批准权的人民政府批准；依法应当由国务院批准的，由省、自治区、直辖市人民政府审核后上报。农用地转用方案应当重点对是否符合国土空间规划和土地利用年度计划以及补充耕地情况作出说明，涉及占用永久基本农田的，还应当对占用永久基本农田的必要性、合理性和补划可行性作出说明。

（三）农用地转用方案经批准后，由市、县人民政府组织实施。

第二十五条　建设项目需要使用土地的，建设单位原则上应当一次申请，办理建设用地审批手续，确需分期建设的项目，可以根据可行性研究报告确定的方案，分期申请建设用地，分期办理建设用地审批手续。建设过程中用地范围确需调整的，应当依法办理建设用地审批手续。

农用地转用涉及征收土地的，还应当依法办理征收土地手续。

第二十六条　需要征收土地，县级以上地方人民政府认为符合《土地管理法》第四十五条规定的，应当发布征收土地预公告，并开展拟征收土地现状调查和社会稳定风险评估。

征收土地预公告应当包括征收范围、征收目的、开展土地现状调查的安排等内容。征收土地预公告应当采用有利于社会公众知晓的方式，在拟征收土地所在的乡（镇）和村、村民小组范围内发布，预公告时间不少于十个工作日。自征收土地预公告发布之日起，任何单位和个人不得在拟征收范围内抢栽抢建；违反规定抢栽抢建的，对抢栽抢建部分不予补偿。

土地现状调查应当查明土地的位置、权属、地类、面积，以及农村村民住宅、其他地上附着物和青苗等的权属、种类、数量等情况。

社会稳定风险评估应当对征收土地的社会稳定风险状况进行综合研判，确定风险点，提出风险防范措施和处置预案。社会稳定风险评估应当有被征地的农村集体经济组织及其成员、村民委员会和其他利害关系人参加，评估结果是申请征收土地的重要依据。

第三十二条　省、自治区、直辖市应当制定公布区片综合地价，确定征收农用地的土地补偿费、安置补助费标准，并制定土地补偿费、安置补助费分配办法。

地上附着物和青苗等的补偿费用，归其所有权人所有。

社会保障费用主要用于符合条件的被征地农民的养老保险等社会保险缴费补贴，按照省、自治区、直辖市的规定单独列支。

申请征收土地的县级以上地方人民政府应当及时落实土地补偿费、安置补助费、农村村民住宅以及其他地上附着物和青苗等的补偿费用、社会保障费用等，并保证足额到位，专款专用。有关费用未足额到位的，不得批准征收土地。

第四十一条　土地所有权人应当依据集体经营性建设用地出让、出租等方案，以招标、拍卖、挂牌或者协议等方式确定土地使用者，双方应当签订书面合同，载明土地界址、面积、用途、规划条件、使用期限、交易价款支付、交地时间和开工竣工期限、产业准入和生态环境保护要求，约定提前收回的条件、补偿方式、土地使用权届满续期和地上建筑物、构筑物等附着物处理方式，以及违约责任和解决争议的方法等，并报市、县人民政府自然资源主管部门备案。未依法将规划条件、产业准入和生态环境保护要求纳入合同的，合同无效；造成损失的，依法承担民事责任。合同示范文本由国务院自然资源主管部门制定。

第四十二条　集体经营性建设用地使用者应当按照约定及时支付集体经营性建设用地价款，并依法缴纳相关税费，对集体经营性建设用地使用权以及依法利用集体经营性建设用地建造的建筑物、构筑物及其附属设施的所有权，依法申请办理不动产登记。

第四十三条　通过出让等方式取得的集体经营性建设用地使用权依法转让、互换、出资、赠与或者抵押的，双方应当签订书面合同，并书面通知土地所有权人。

集体经营性建设用地的出租，集体建设用地使用权的出让及其最高年限、转让、互换、出资、赠与、抵押等，参照同类用途的国有建设用地执行，法律、行政法规另有规定的除外。

六、《中华人民共和国耕地占用税法》（节选）

《中华人民共和国耕地占用税法》于2018年12月29日第十三届全国人民代表大会常务委员会第七次会议通过。[11]

第二条　在中华人民共和国境内占用耕地建设建筑物、构筑物或者从事非农业建设的单位和个人，为耕地占用税的纳税人，应当依照本法规定缴纳耕地占用税。

占用耕地建设农田水利设施的，不缴纳耕地占用税。

本法所称耕地，是指用于种植农作物的土地。

第三条　耕地占用税以纳税人实际占用的耕地面积为计税依据，按照规定的适用税额一次性征收，应纳税额为纳税人实际占用的耕地面积（平方米）乘以适用税额。

第四条　耕地占用税的税额如下：

（一）人均耕地不超过一亩的地区（以县、自治县、不设区的市、市辖区为单位，下同），每平方米为十元至五十元；

（二）人均耕地超过一亩但不超过二亩的地区，每平方米为八元至四十元；

（三）人均耕地超过二亩但不超过三亩的地区，每平方米为六元至三十元；

（四）人均耕地超过三亩的地区，每平方米为五元至二十五元。

各地区耕地占用税的适用税额，由省、自治区、直辖市人民政府根据人均耕地面积和经济发展等情况，在前款规定的税额幅度内提出，报同级人民代表大会常务委员会决定，并报全国人民代表大会常务委员会和国务院备案。各省、自治区、直辖市耕地

各省、自治区、直辖市耕地占用税平均税额

省、自治区、直辖市	平均税额（元/平方米）
上海	45
北京	40
天津	35
江苏、浙江、福建、广东	30
辽宁、湖北、湖南	25
河北、安徽、江西、山东、河南、重庆、四川	22.5
广西、海南、贵州、云南、陕西	20
山西、吉林、黑龙江	17.5
内蒙古、西藏、甘肃、青海、宁夏、新疆	12.5

资料来源：新华社图表，北京，2018 年 12 月 29 日。

占用税适用税额的平均水平，不得低于本法所附《各省、自治区、直辖市耕地占用税平均税额表》规定的平均税额[12]。

第五条　在人均耕地低于零点五亩的地区，省、自治区、直辖市可以根据当地经济发展情况，适当提高耕地占用税的适用税额，但提高的部分不得超过本法第四条第二款确定的适用税额的百分之五十。具体适用税额按照本法第四条第二款规定的程序确定。

第六条　占用基本农田的，应当按照本法第四条第二款或者第五条确定的当地适用税额，加按百分之一百五十征收。

第七条　铁路线路、公路线路、飞机场跑道、停机坪、港口、航道、水利工程占用耕地，减按每平方米二元的税额征收耕地占用税。

第十条　耕地占用税的纳税义务发生时间为纳税人收到自然资源主管部门办理占用耕地手续的书面通知的当日。纳税人应当自纳税义务发生之日起三十日内申报缴纳耕地占用税。

自然资源主管部门凭耕地占用税完税凭证或者免税凭证和其他有关文件发放建设用地批准书。

第十一条　纳税人因建设项目施工或者地质勘查临时占用耕地，应当依照本法的规定缴纳耕地占用税。纳税人在批准临时占用耕地期满之日起一年内依法复垦，恢复种植条件的，全额退还已经缴纳的耕地占用税。

七、《中华人民共和国耕地占用税法实施办法》

《中华人民共和国耕地占用税法实施办法》，财政部、税务总局、自然资源部、农业农村部、生态环境部公告2019年第81号。

第二条　经批准占用耕地的，纳税人为农用地转用审批文件中标明的建设用地人；农用地转用审批文件中未标明建设用地人的，纳税人为用地申请人，其中用地申请人为各级人民政府的，由同级土地储备中心、自然资源主管部门或政府委托的其他部门、单位履行耕地占用税申报纳税义务。

未经批准占用耕地的，纳税人为实际用地人。

第十一条　减税的公路线路，具体范围限于经批准建设的国道、省道、县道、乡道和属于农村公路的村道的主体工程以及两侧边沟或者截水沟。

专用公路和城区内机动车道占用耕地的，按照当地适用税额缴纳耕地占用税。

第十九条　因挖损、采矿塌陷、压占、污染等损毁耕地属于税法所称的非农业建设，应依照税法规定缴纳耕地占用税；自自然资源、农业农村等相关部门认定损毁耕地之日起3年内依法复垦或修复，恢复种植条件的，比照税法第十一条规定办理退税。

第二十一条　林地，包括乔木林地、竹林地、红树林地、森林沼泽、灌木林地、灌丛沼泽、其他林地，不包括城镇村庄范围内的绿化林木用地，铁路、公路征地范围内的林木用地，以及河流、沟渠的护堤林用地。

前款的其他林地包括疏林地、未成林地、迹地、苗圃等林地。

第二十三条　农田水利用地，包括农田排灌沟渠及相应附属设施用地。

第二十四条　养殖水面，包括人工开挖或者天然形成的用于水产养殖的河流水面、湖泊水面、水库水面、坑塘水面及相应附属设施用地。

第二十五条　渔业水域滩涂，包括专门用于种植或者养殖水生动植物的海水潮浸地带和滩地，以及用于种植芦苇并定期进行人工养护管理的苇田。

第二十六条　直接为农业生产服务的生产设施，是指直接为农业生产服务而建设的建筑物和构筑物。具体包括：储存农用机具和种子、苗木、木材等农业产品的仓储设施；培育、生产种子、种苗的设施；畜禽养殖设施；木材集材道、运材道；农业科研、试验、示范基地；野生动植物保护、护林、森林病虫害防治、森林防火、木材检疫的设施；专为农业生产服务的灌溉排水、供水、供电、供热、供气、通讯基础设施；农业生产者从事农业生产必需的食宿和管理设施；其他直接为农业生产服务的生产设施。

第二十七条　未经批准占用耕地的，耕地占用税纳税义务发生时间为自然资源主管部门认定的纳税人实际占用耕地的当日。

因挖损、采矿塌陷、压占、污染等损毁耕地的纳税义务发生时间为自然资源、农业农村等相关部门认定损毁耕地的当日。

第二十八条　纳税人占用耕地，应当在耕地所在地申报纳税。

第二十九条　在农用地转用环节，用地申请人能证明建设用地人符合税法第七条第一款规定的免税情形的，免征用地申请人的耕地占用税；在供地环节，建设用地人使用耕地用途符合税法第七条第一款规定的免税情形的，由用地申请人和建设用地人共同申请，按退税管理的规定退还用地申请人已经缴纳的耕地占用税。

第三十条　县级以上地方人民政府自然资源、农业农村、水利、生态环境等相关部门向税务机关提供的农用地转用、临时占地等信息，包括农用地转用信息、城市和村庄集镇按批次建设用地转而未供信息、经批准临时占地信息、改变原占地用途信息、未批先占农用地查处信息、土地损毁信息、土壤污染信息、土地复垦信息、草场使用和渔业养殖权证发放信息等。

各省、自治区、直辖市人民政府应当建立健全本地区跨部门耕地占用税部门协作和信息交换工作机制。

第三十一条　纳税人占地类型、占地面积和占地时间等纳税申报数据材料以自然资源等相关部门提供的相关材料为准；未提供相关材料或者材料信息不完整的，经主管税务机关提出申请，由自然资源等相关部门自收到申请之日起30日内出具认定意见。

第三十二条　纳税人的纳税申报数据资料异常或者纳税人未按照规定期限申报纳税的，包括下列情形：

（一）纳税人改变原占地用途，不再属于免征或者减征耕地占用税情形，未按照规定进行申报的；

（二）纳税人已申请用地但尚未获得批准先行占地开工，未按照规定进行申报的；

（三）纳税人实际占用耕地面积大于批准占用耕地面积，未按照规定进行申报的；

（四）纳税人未履行报批程序擅自占用耕地，未按照规定进行申报的；

（五）其他应提请相关部门复核的情形。

八、《中共中央　国务院关于加强耕地保护和改进占补平衡的意见》（中发〔2017〕4号）（节选）

坚守土地公有制性质不改变、耕地红线不突破、农民利益不受损三条底线，坚持最严格的耕地保护制度和最严格的节约用地制度，像保护大熊猫一样保护耕地，着力加强耕地数量、质量、生态“三位一体”保护，着力加强耕地管控、建设、激励多措并举保护。

000214

中共中央文件

中发〔2017〕4号

中共中央　国务院
关于加强耕地保护和改进
占补平衡的意见
（2017年1月9日）

耕地是我国最为宝贵的资源，关系十几亿人吃饭大事，必须保护好，绝不能有闪失。近年来，按照党中央、国务院决策部署，各地区各有关部门积极采取措施，强化主体责任，严格落实占补平衡制度，严守耕地红线，耕地保护工作取得显著成效。当前，我国经济发展进入新常态，新型工业化、城镇化建设深入推进，耕地后备资源不断减少，实现耕地占补平衡、占优补优的难度日趋加大，激励约束机制尚不

— 1 —

实藏粮于地、藏粮于技战略，
食安全，为实现“两个一百
中国梦构筑坚实的资源基

识，强化土地用途管制，
占补平衡中补充耕地数
决防止占多补少、占
地红线绝不能突破，
占用。
建设用地，严控增
用地总量和强度
地投入支撑经济

决定性作用和
益调节机制，
经济社会发

结构性改
改进耕地
补充耕
把握好

九、《中共山东省委　山东省人民政府关于加强耕地保护和改进占补平衡的实施意见》（鲁发〔2018〕6号）（节选）

粮食生产功能区和重要农产品生产保护区范围内的耕地、城镇周边和交通沿线的优质耕地、已建成的高标准农田要优先划入永久基本农田，实行重点保护。

中共山东省委文件

鲁发〔2018〕6号

中共山东省委　山东省人民政府关于加强耕地保护和改进占补平衡的实施意见

（2018年1月23日）

为贯彻落实《中共中央、国务院关于加强耕地保护和改进占补平衡的意见》（中发〔2017〕4号）精神，切实加强耕地保护，改进耕地占补平衡工作，现结合我省实际，制定本实施意见。

一、总体要求

（一）指导思想。坚持以习近平新时代中国特色社会主义思想为指导，全面贯彻落实党的十九大精神，紧紧围绕统

十、《山东省土地征收管理办法》（山东省人民政府令2010年第226号）（节选）

第八条　拟征收农民集体所有的土地，市、县人民政府应当在该农村集体经济组织所在地发布征收土地公告。征收土地公告应当包括拟征收土地的位置、范围、用途、补偿标准等内容。

第九条　市、县人民政府国土资源行政主管部门应当依据本级人民政府发布的征收土地公告，组织勘测定界，并会同财政等有关部门、乡（镇）人民政府或者街道办事处及用地单位，与村民委员会、承包户对拟征收土地的权属、地类、面积以及地面附着物的权属、种类、数量等进行现场调查、清点、核实，填写土地征收勘测调查清单。

土地征收勘测调查清单应当由参与现场调查、清点、核实的各方共同确认。农村集体经济组织和农民对调查结果有异议的，应当当场提出，市、县人民政府国土资源行政主管部门应当当场复核。

第十条　市、县人民政府国土资源行政主管部门应当会同有关部门依据国家和省土地征收补偿安置的有关规定，自勘测调查结束之日起15个工作日内，拟定土地征收补偿安置方案。

第十一条　市、县人民政府国土资源行政主管部门应当将拟定的土地征收补偿安置方案，在农村集体经济组织所在地进行公示，公示期不得少于5个工作日。

农村集体经济组织、农民或者其他权利人对补偿标准和安置方式要求举行听证的，应当自土地征收补偿安置方案公示结束之日起5个工作日内，向市、县人民政府国土资源行政主管部门提出申请。市、县人民政府国土资源行政主管部门应当按照规定组织听证。

第十二条　农村集体经济组织、农民或者其他权利人对补偿标准和安置方式没有异议的，由市、县人民政府国土资源行政主管部门和财政部门与农村集体经济组织签订土地征收补偿安置协议。土地征收补偿安置协议主要包括土地的位置、数量、地类、补偿标准、安置方式、费用的拨付时间和方式、土地的交接时间和方式等内容。

土地征收勘测调查清单应当作为土地征收补偿安置协议的附件。

第十三条　对补偿标准有异议，达不成土地征收补偿安置协议的，由市、县人民政府进行协调；协调不成的，报省人民政府裁决。

第十四条　土地征收补偿安置协议签订或者补偿标准裁决后，市、县人民政府国土资源行政主管部门应当按照国家和省有关规定，组织编制土地征收方案，连同有关材料，报有批准权的人民政府批准。

第十五条　市、县人民政府应当自收到土地征收批准文件后，在被征收土地农村集体经济组织所在地予以公告。

第十六条　市、县人民政府财政部门会同国土资源行政主管部门应当自依法批准土地征收之日起3个月内，依据土地征收补偿安置协议和土地征收勘测调查清单，将土地征收补偿安置费、地上附着物和青苗补偿费按照规定程序足额支付给被征收土地农村集体经济组织、农民和其他权利人。

第十七条　土地征收补偿安置费、地上附着物和青苗补偿费足额支付后，被征收土地农村集体经济组织、农民和其他权利人应当在规定的期限内清理附着物，并移交土地。

第十八条　市、县人民政府应当依法进行土地征收补偿，并采取多种方式妥善安置被征收土地农民的生产生活，确保被征收土地农民原有生活水平不降低，长远生计有保障。

第十九条　土地征收补偿安置费的标准，按照省人民政府公布的征地区片综合地价标准执行。

征地区片综合地价标准，每3年调整公布一次。

第二十条　被征收土地地上附着物和青苗的补偿标准，由设区的市人民政府制定，报省人民政府价格、财政、国土资源等有关部门同意后执行。

因征收土地拆迁农村集体经济组织成员房屋，影响其居住的，应当保障其居住条件。

第二十一条　市、县人民政府应当依法落实土地征收相关费用。土地征收相关费用包括土地征收补偿安置费、地上附着物和青苗补偿费、耕地开垦费、新增建设用地土地有偿使用费、被征收土地农民社会保障资金政府补贴部分等。

市、县人民政府国土资源行政主管部门应当根据当地年度建设用地计划，编制年度土地征收相关费用支出计划，报同级财政部门审核，纳入年度土地出让收支预算，确保土地征收相关费用及时足额到位。

第二十二条　农民集体所有的土地全部被征收或者征收土地后没有条件调整承包土地的，土地征收补偿安置费的80%支付给土地承包户，主要用于被征收土地农民的社会保障、生产生活安置，其余的20%支付给被征收土地的农村集体经济组织，用于兴办公益事业或者进行公共设施、基础设施建设。

征收未承包的农民集体所有的土地或者在征收土地后有条件调整承包土地的，土地征收补偿安置费的分配、使用方案，由村民会议或者被征收土地农村集体经济组织全体成员讨论决定。

地上附着物和青苗补偿费归其所有权人所有。

第二十三条　实行被征收土地农民社会保障制度。

被征收土地农民社会保障资金由政府、集体、个人共同出资。

政府出资部分从土地出让收入中予以安排；单独选址项目的政府出资部分，由用地单位承担。

政府出资部分原则上不低于社会保障费用总额的30%，并执行下列标准：

（一）征地区片综合地价标准为每亩5万元以下的，政府补贴资金不低于每亩1万元；

（二）征地区片综合地价标准为每亩5万元至10万元的，政府补贴资金不低于每亩1.5万元；

（三）征地区片综合地价标准为每亩10万元以上的，政府补贴资金不低于每亩2万元。

被征收土地农民社会保障资金政府出资部分，应当在征收土地报批时足额拨付至当地社会保障资金专户；政府补贴资金不落实的，不予批准征收土地。

被征收土地农民社会保障的具体办法，由省人力资源和社会保障行政主管部门会同有关部门制定。

第二十四条　建立被征收土地农民就业保障制度，将被征收土地农民纳入失业登记范围和就业服务体系。市、县人民政府应当从当地的土地出让收入中一次性安排适当数额的资金，扶持被征收土地农民就业。

在同等条件下，用地单位应当优先安排被征收土地农民就业。

第二十六条　在城市、镇规划区范围内或者城镇近郊村（居）征收农民集体所有的土地，市、县人民政府依据城乡规划和当地实际，可以安排适当数量的经营性用地，由被征收土地的农村集体经济组织用于生产经营，安置被征收土地的农民。

第二十七条　征收农民集体所有的土地，具备调整土地条件的，农村集体经济组织可以通过调整土地的方式进行安置，使被征收土地农民继续从事农业生产活动。

第二十八条 被征收土地农村集体经济组织的耕地全部被征收或者被征收后人均耕地不足66平方米的，经市、县人民政府批准，其农村集体经济组织成员按照规定纳入城镇社会保障体系；原农村集体经济组织剩余的土地可依法征收为国有。

十一、《山东省人民政府关于山东省征地区片综合地价的批复》（鲁政字〔2020〕74号）

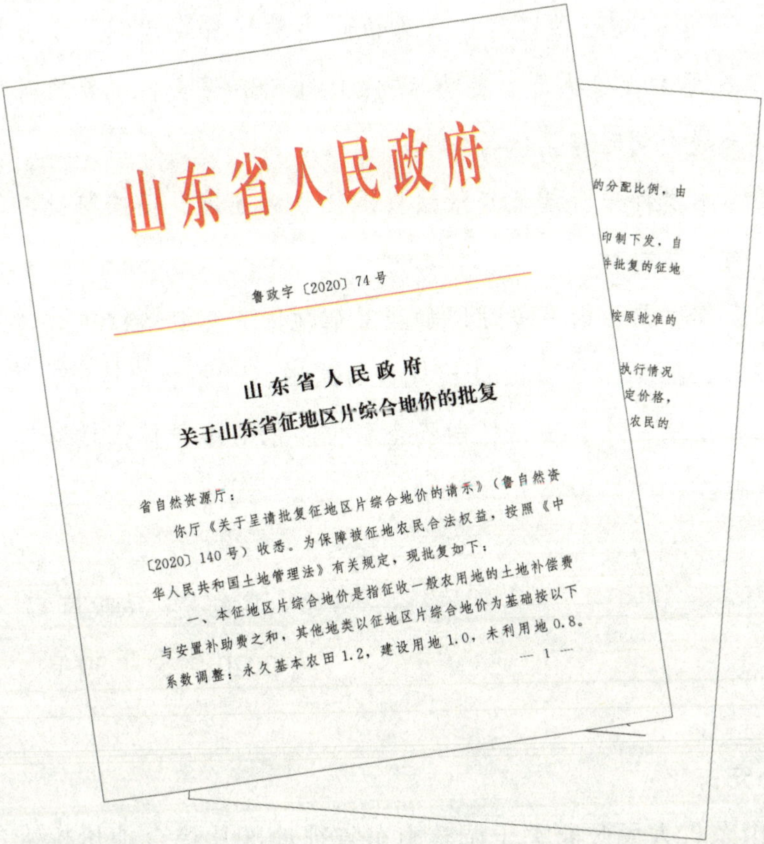
山东省人民政府

鲁政字〔2020〕74号

山东省人民政府
关于山东省征地区片综合地价的批复

省自然资源厅：

你厅《关于呈请批复征地区片综合地价的请示》（鲁自然资〔2020〕140号）收悉。为保障被征地农民合法权益，按照《中华人民共和国土地管理法》有关规定，现批复如下：

一、本征地区片综合地价是指征收一般农用地的土地补偿费与安置补助费之和，其他地类以征地区片综合地价为基础按以下系数调整：永久基本农田1.2，建设用地1.0，未利用地0.8。

— 1 —

省自然资源厅：

你厅《关于呈请批复征地区片综合地价的请示》（鲁自然资〔2020〕140号）收悉。为保障被征地农民合法权益，按照《中华人民共和国土地管理法》有关规定，现批复如下：

一、本征地区片综合地价是指征收一般农用地的土地补偿费与安置补助费之和，其他地类以征地区片综合地价为基础按以下系数调整：永久基本农田1.2，建设用地1.0，未利用地0.8。征地区片综合地价中的土地补偿费与安置补助费的分配比例，由各设区的市人民政府研究明确。

二、《山东省征地区片综合地价》由你厅统一印制下发，自2020年6月1日起执行。鲁政字〔2015〕286号文件批复的征地区片综合地价同时停止执行[13]。

三、本文件出台前已经依法批准征收的土地，仍按原批准的征地补偿方案执行。

四、你厅要会同有关部门加强对征地区片综合地价执行情况的监督，按照同地同价、维护权益的原则，严格执行规定价格，确保征收土地程序合法，补偿资金到位，依法维护被征地农民的合法权益。

山东省人民政府

2020年5月30日

补充：

《山东省人民政府关于调整山东省征地区片综合地价标准的批复》（鲁政字〔2015〕286号）

省国土资源厅：

一、本征地区片综合地价标准，是指征收一般农用地土地补偿费与安置补助费之和，其他地类以综合地价标准为基础按以下系数调整：农用地中的基本农田1.2；建设用地1.0；未利用地0.8。

二、《山东省征地区片综合地价标准》[14] 由你厅统一印制下发，自2016年1月1日起执行。鲁政字〔2012〕288号文件确定的征地区片综合地价标准同时停止执行。

德州市征地区片综合地价表

地区	区片编号	区片价		区片面积（公顷）	区片范围描述
		（元/公顷）	（元/亩）		
德州市中心城区	Ⅰ	1 050 000	70 000	2159.55	大学西路—岔河—京沪铁路围成的封闭区域
	Ⅱ-1	945 000	63 000	3551.02	北侧省界—德石铁路南侧线—京沪铁路—新河西路—运河大道围合成的封闭区域
	Ⅱ-2	945 000	63 000		京沪铁路—广达西路—西曹村西公路—西曹村南公路—康博大道—新河东路—漳卫新河—大学西路围合成的封闭区域
	Ⅲ	870 000	58 000	3222.33	京沪铁路—高速公路北连接线—京福高速公路—新河东路—康博大道—西曹村南公路—西曹村西公路—广达西路围合成的封闭区域
	Ⅳ	795 000	53 000	6857.39	京福高速公路—德滨高速公路—减河—南外环—西侧、北侧省界—运河大道—新河西路围合成的封闭区域

续表

地区	区片编号	区片价		区片面积（公顷）	区片范围描述
		（元/公顷）	（元/亩）		
	Ⅴ	750 000	50 000	38 044.6	上述区域以外的行政区域
陵城区	Ⅰ	840 000	56 000	3427.87	安德工业区南边界、西边界、北边界—菜园村、城后前王村、北关村、北街村、东街村、蔺庄村北边界—孙来路村、东关村东边界—陵城区城区、范家村、芦家坊村南边界所围成的封闭区域
	Ⅱ	795 000	53 000	11 739.43	陵城区与德城区界—王陈庄村、西宋村、西于架村、东魏集村东边界—任桥村东北边界—后刘村北边界—库庄村、陈文沟村东边界、西边界—马才庄村东边界、北边界、西边界—东乔庄村东边界—傅家庙村、马庄村、孙油坊村、盛庄村北边界—张挑弓村、三里河村、王举人村、贺家村、韩家村东边界—于道口村、邓庄村、万家村、南街村、西曹村、祁庄村、后王村南边界—金庄村南边界、西边界—孙家洼村、时家楼村、佟家寨村西边界—东蔡村、西蔡村、小刘庄村、大刘庄村、薛庄村南边界所围成的封闭区域（Ⅰ级区片范围除外）
	Ⅲ	750 000	50 000	106 104.88	上述Ⅰ、Ⅱ区片以外的范围
宁津县	Ⅰ	840 000	56 000	326.09	北至振华大街，南至阳光大街，西至宁德路，东至津泉路
	Ⅱ	780 000	52 000	5067.40	王银村、刘于村、王石村、后老鸦林东侧边界—后老鸦林、前老鸦林南侧边界—苍白村、谢东村、皮洼村东侧边界—皮洼村、吴碾村、王庄、八里堂、张庄南侧边界—惠宁水库东侧边界—刘刚村南侧边界—刘刚村、小祁村、李会村、皂户刘、大苏村、张秀村西侧边界—张秀村、大付村、西白村、东白村、街市牌、李元村、洼刘村、王银村北侧边界（Ⅰ级区片范围除外）
	Ⅲ	750 000	50 000	77 931.53	上述Ⅰ、Ⅱ级区片以外范围

续表

地区	区片编号	区片价（元/公顷）	区片价（元/亩）	区片面积（公顷）	区片范围描述
庆云县	Ⅰ	840 000	56 000	1161.15	205 国道—西杜树刘村—东杜树刘村—西石官堂村—中石官堂村—河滨路—原 246 省道—迎宾路—建设街—南环路—西环路—小田村—西胡岭村—东胡岭村—洼于村南侧村界所围成的封闭区域
庆云县	Ⅱ	780 000	52 000	2020.17	王南津、小徐家、齐家、小李、刘南纯、西歪柳树村北侧村界—东歪柳树、小解、西杜树刘、东杜树刘、西石官堂、中石官堂村东侧村界—任家店、东周、后官、小都村南侧村界—慈家、养马王村北侧村界—松树高村、王文郭村、陶家村、汾水王村、志门刘村东侧村界所围成的封闭区域（Ⅰ级区片范围除外）
庆云县	Ⅲ	750 000	50 000	46 915.78	上述Ⅰ、Ⅱ级区片以外的范围
临邑县	Ⅰ	840 000	56 000	2618.91	临邑县城西边界、北边界—西街村、邢家院村、小王家村、太平街村、北街村北边界—田家村北边界、东边界—刘家山村、许家村、塘坊村、郭夫斋村东边界—东五里庙村、西五里庙村、唐家村、师家村、张胡子村、凉王庙村南边界—曹家村南边界、西边界—西贾家村、三里庄村西边界所围成的封闭区域
临邑县	Ⅱ	795 000	53 000	6140.08	高相谦村以及门刘家村西边界、北边界—西十二里庄村、东十二里庄村、西三里河村、东三里河村、陈家庙村、东三村、前樊家村、卞庙村、四里庙村北边界—西孙庙村北边界、东边界—梨行村、徐孟柳村、王落户村、大杨家村、路家庙村东边界—马天佑村东边界、南边界—孙家洼村、邓家井村、梁家村、李家胡同村、沙河村、腾家寨村、付家庙村、三王村、张士代村南边界—马寨村南边界、西边界—翟家村、李士清村、孙家村、刘家村、前张北村、东张北村西边界所围成的封闭区域（Ⅰ级区片范围除外）
临邑县	Ⅲ	750 000	50 000	92 822.48	上述Ⅰ、Ⅱ区片以外的范围

续表

地区	区片编号	区片价（元/公顷）	区片价（元/亩）	区片面积（公顷）	区片范围描述
齐河县	Ⅰ	870 000	58 000	2480.87	津浦铁路—小姜、邱庄、小营、大冀一线（南规划路）—西外环及其延长线所围成的封闭区域
	Ⅱ	810 000	54 000	20 680.2	除Ⅰ级区片外，韦二路道路中心线往北1公里—全县东边界线—黄河二道坝边界—曹营、芦庄、老蔡为界—前颜、西颜、坡赵为界—晏坡路—西外环往西1公里—全县西边界线所围成的封闭区域
	Ⅲ	750 000	50 000	117 962.41	上述Ⅰ、Ⅱ级区片以外的范围
平原县	Ⅰ	825 000	55 000	2581.48	马洪干渠—东二环路—平尹公路—南外环—西外环所围成的封闭区域
	Ⅱ	795 000	53 000	1960.13	马洪干渠—马洪干渠支沟—东三环及其延长线—小曹村、东农场、南任村东南侧边界—侯庄村南侧及西侧沟渠—连接三里庄村、小朱庄村、鲁庄村、南街村、大朱村的村间公路—炉坊村沟渠—大张村、刘庄村、郭庄村沟渠—315省道—许庄村、王豆包村、陈三里村、孟庄村西侧沟渠所围成的封闭区域（Ⅰ区片范围除外）
	Ⅲ	750 000	50 000	100 206.07	上述Ⅰ、Ⅱ区片以外范围
夏津县	Ⅰ	780 000	52 000	2490	主要包括北城街道一部分（北至北外环、东至东外环、西至西外环、南至308国道）以及银城街道一部分（南至308国道、东至东外环、西至西外环、北至北城街道办事处）
	Ⅱ-1	765 000	51 000	1338	主要包括青银高速以南、北外环以北、254省道以西部分（苦水马庄、纪庄、管庄、李楼）以及青年河以东、六六河以北、东外环以西部分
	Ⅱ-2	765 000	51 000	1355	主要包括银城街道办事处一部分（北至308国道、南至南外环、东至东外环、西至西外环）
	Ⅲ	750 000	50 000	83 013	夏津县辖区内Ⅰ、Ⅱ区片以外的区域

续表

地区	区片编号	区片价（元/公顷）	区片价（元/亩）	区片面积（公顷）	区片范围描述
武城县	Ⅰ	810 000	54 000	1727.16	六六河—赵庄沟—南外环—兴武路所围成的封闭区域
	Ⅱ	780 000	52 000	3731.55	工业路南北延长线—南外环中心线以南 500 米—西外环中心线以西 1000 米—规划路（新北外环）所围成的封闭区域（Ⅰ级区片范围除外）
	Ⅲ	750 000	50 000	69 638.26	上述Ⅰ、Ⅱ级区片以外范围
乐陵市	Ⅰ	810 000	54 000	1385.92	挺进路—大郑村、三里庄村西侧村界以南—开元大道—三一五省道—云红街道办事处西侧镇界—阜盛路—汇源大街—马颊沟—枣城大街—跃马河—汇源大街所围成的封闭区域
	Ⅱ	750 000	50 000	115 920.83	除Ⅰ级别外的范围
禹城市	Ⅰ	870 000	58 000	1816.47	徒骇河—北外环路—迎宾路洛北干渠—南外环路—京沪铁路—徒骇河所围成的封闭区域
	Ⅱ	810 000	54 000	9973.68	尚务头村基本农田边界—普天河—尹庄村、刘庄村、张王芦村基本农田边界线—京沪铁路—大王楼、郝庄村—司庄村等村庄基本农田边界—徒骇河—禹城市与齐河县边界—中心城区规划范围东南边界线—洛北干渠—西郭辛村南沟渠—赵牛河—西于庄村、孙庄村基本农田边界所围成的封闭区域
	Ⅲ	750 000	50 000	87 449.85	除Ⅰ、Ⅱ级别外的范围

注：基准日为 2015 年 1 月 1 日；测算时间为 2015 年 9 月。

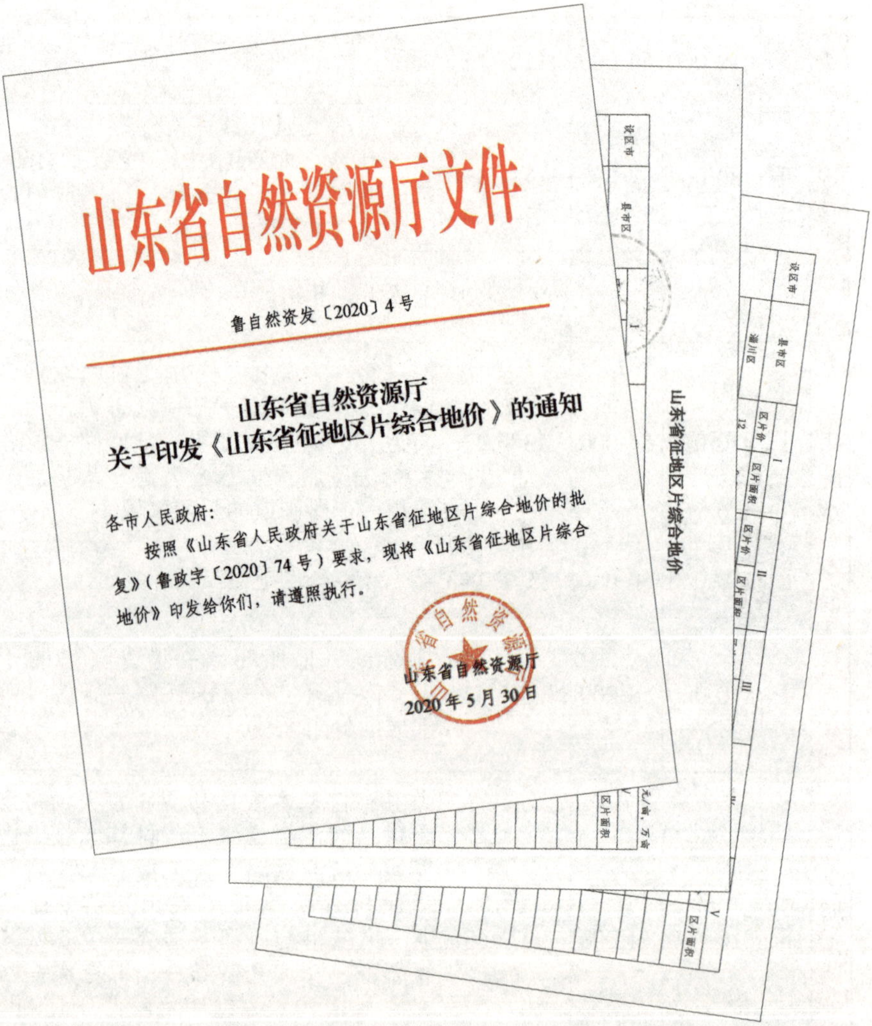

山东省自然资源厅文件

鲁自然资发〔2020〕4号

山东省自然资源厅
关于印发《山东省征地区片综合地价》的通知

各市人民政府：

按照《山东省人民政府关于山东省征地区片综合地价的批复》（鲁政字〔2020〕74号）要求，现将《山东省征地区片综合地价》印发给你们，请遵照执行。

山东省自然资源厅
2020年5月30日

山东省征地区片综合地价

单位：万元/亩，万亩

设区市	县市区	Ⅰ		Ⅱ		Ⅲ		Ⅳ		Ⅴ	
		区片价	区片面积	区片价	区片面积	区片价	区片面积	区片价	区片面积	区片价	区片面积
济南市	济南市区	20.5	89.79	16	38.46	13.6	104.48	9	262.73		
	章丘区	8.5	42.07	7.5	84.20	6.5	131.60				
	济阳区	7.5	80.11	6.5	84.72						
	莱芜区	7.5	5.60	6.8	79.70	6.2	175.66				
	钢城区	7	3.19	6.2	72.78						
	平阴县	7	10.43	6.2	96.84						
	商河县	7	2.27	6.2	172.09						
青岛市	青岛市区	30.9	4.81	30	9.88	27.6	14.87				
	黄岛区	9.6	80.36	8.5	54.05	7.5	74.70	6.7	110.15		
	崂山区	28	59.37								
	城阳区	12.5	23.58	10.7	21.23	10	42.74				
	即墨区	8.6	92.17	7.6	79.41	6.6	116.57				
	胶州市	8.6	25.03	7.6	112.19	6.6	61.33				
	平度市	7	34.19	6.2	442.16						
	莱西市	6.6	11.28	6	223.96						

续表

设区市	县市区	Ⅰ		Ⅱ		Ⅲ		Ⅳ		Ⅴ	
		区片价	区片面积	区片价	区片面积	区片价	区片面积	区片价	区片面积	区片价	区片面积
淄博市	淄川区	12	9.24	8	46.11	6.5	88.69				
	张店区	12	10.45	9	11.17	7.5	32.43				
	博山区	7.6	1.19	6.5	22.23	6	81.31				
	临淄区	14.5	3.99	12	4.40	7.5	91.19				
	周村区	8.5	21.77	8	13.58	6.6	10.75				
	桓台县	7.8	4.76	6.5	71.60						
	高青县	6.3	12.64	6	111.99						
	沂源县	7.2	8.80	6.6	56.81	6	179.83				
枣庄市	枣庄市区	8.1	22.37	7.7	26.66	6.6	66.36	6	112.20		
	台儿庄区	7	9.25	6	70.52						
	山亭区	6.8	9.69	6.5	46.43	6	96.80				
	滕州市	8	30.95	7.1	193.33						
东营市	东营区	8.6	33.32	7.1	7.88	3.8	66.62				
	河口区	6.3	18.68	6.2	78.71	8	29.11				
	垦利区	6.5	15.39	6.3	108.85	6	25.98				
	利津县	6.3	40.05	6.2	82.46	6	36.52				
	广饶县	7	25.33	6.8	44.82	6.5	104.77				

续表

设区市	县市区	Ⅰ		Ⅱ		Ⅲ		Ⅳ		Ⅴ	
		区片价	区片面积	区片价	区片面积	区片价	区片面积	区片价	区片面积	区片价	区片面积
烟台市	芝罘区	12	27.08								
	开发区	9.6	5.90	7.2	28.64	6	19.30				
	福山区	7.8	4.58	7	67.77						
	高新区	10.8	7.11	7	7.74						
	牟平区	7.5	13.43	7	206.24						
	莱山区	12	31.81	10	11.02						
	长岛综合试验区	6.6	3.44	6	5.45						
	龙口市	9	5.98	7.5	15.59	6	114.33				
	莱阳市	6.5	11.14	6	248.47						
	莱州市	8.9	7.50	7.4	219.19	6	63.00				
	蓬莱市	8.4	3.29	6.6	4.57	6	143.55				
	招远市	9	17.94	7.2	41.13	6	155.79				
	栖霞市	6.5	17.61	6	284.89						
	海阳市	6.5	38.10	6	248.49						
潍坊市	潍坊市区	11.6	41.67	9	64.95	8	120.09	6.6	101.23	6	72.48
	临朐县	6.8	13.56	6.4	52.73	6	208.51				
	昌乐县	7.7	10.94	6.5	24.45	6	129.73				

续表

设区市	县市区	Ⅰ		Ⅱ		Ⅲ		Ⅳ		Ⅴ	
		区片价	区片面积	区片价	区片面积	区片价	区片面积	区片价	区片面积	区片价	区片面积
潍坊市	青州市	8	16.75	7	139.48	6	78.07				
	诸城市	8.1	33.61	6.7	186.84	6	102.28				
	寿光市	10.2	31.19	7.8	177.14	6.6	90.93				
	安丘市	6.6	56.77	6	200.02						
	高密市	7.4	31.23	6	197.29						
	昌邑市	7.2	19.82	6	224.35						
泰安市	泰安市区	8.5	3.72	8	4.47	7.5	291.10				
	宁阳县	6.6	4.48	6	164.07						
	东平县	6.6	24.16	6	176.71						
	新泰市	6.6	72.42	6	217.75						
	肥城市	6.6	19.30	6	172.32						
威海市	威海市区	14.6	17.44	9.1	16.30	6.8	30.36	6.3	84.67		
	文登区	7.6	8.41	6.8	4.49	6.2	229.50				
	荣成市	7.6	37.85	6.8	101.44	6.3	89.47				
	乳山市	6.6	14.66	6.3	14.17	6	220.84				

续表

设区市	县市区	Ⅰ		Ⅱ		Ⅲ		Ⅳ		Ⅴ	
		区片价	区片面积	区片价	区片面积	区片价	区片面积	区片价	区片面积	区片价	区片面积
日照市	东港区	8.4	21.45	7.2	55.20	6.6	61.10	6	52.98		
	岚山区	7	10.07	6.6	64.89	6	42.69				
	五莲县	6.6	32.83	6	191.74						
	莒县	6.8	17.84	6.4	81.40	6	173.58				
临沂市	临沂市辖区	12	23.35	10	61.75	8.5	131.64	7	127.40		
	沂南县	7	8.38	6.5	16.97	6.1	232.64				
	郯城县	6.8	8.68	6.5	6.11	6.3	164.54				
	沂水县	6.6	11.96	6.1	350.28						
	兰陵县	7.2	11.63	6.7	178.35	6.2	68.68				
	费县	6.8	8.79	6.4	138.70	6	101.54				
	平邑县	6.6	13.86	6.4	111.22	6	138.77				
	莒南县	6.6	45.79	6.3	98.10	6	118.80				
	蒙阴县	6.8	38.42	6.4	90.42	6	111.45				
	临沭县	6.8	38.87	6.4	43.86	6	68.85				

续表

设区市	县市区										
		区片价	区片面积	区片价	区片面积	区片价	区片面积	区片价	区片面积	区片价	区片面积
德州市	德城区	8.4	3.26	7.6	5.28	7.1	4.9	6.6	10.53	6.1	56.79
	陵城区	6.8	5.74	6.4	17.03	6	159.13				
	宁津县	6.8	0.50	6.3	7.62	6	116.87				
	庆云县	6.8	2.07	6.3	3.07	6	70.00				
	临邑县	6.8	3.90	6.4	9.41	6	139.06				
	齐河县	7	3.73	6.5	31.01	6	176.94				
	平原县	6.6	3.87	6.4	2.94	6	150.31				
	夏津县	6.5	3.98	6.3	3.87	6	124.45				
	武城县	6.5	2.59	6.3	5.60	6	104.46				
	乐陵市	6.5	2.10	6	173.86						
	禹城市	7	2.78	6.5	14.99	6	131.09				

续表

设区市	县市区	Ⅰ		Ⅱ		Ⅲ		Ⅳ		Ⅴ	
		区片价	区片面积	区片价	区片面积	区片价	区片面积	区片价	区片面积	区片价	区片面积
聊城市	东昌府区	8	8.51	6.6	86.95	6.1	121.07				
	茌平区	7.1	5.99	6.6	16.89	6.1	127.64				
	阳谷县	7	6.09	6.2	153.81						
	莘县	7.1	7.81	6.6	15.28	6.1	189.37				
	东阿县	7.2	4.39	6.6	11.11	6	93.50				
	冠县	7	7.37	6.5	17.80	6	149.10				
	高唐县	7.1	3.18	6.6	7.17	6.1	131.78				
	临清市	7.5	9.55	6.2	133.11						
滨州市	滨城区	7.8	2.02	6.5	24.69	6.3	88.58	6.2	40.84		
	沾化区	6.3	9.45	6	250.10						
	惠民县	6.4	24.36	6	180.16						
	阳信县	6.4	38.68	6	81.10						
	无棣县	6.4	18.49	6.2	54.82	6	240.19				
	博兴县	6.4	17.27	6.3	41.30	6.2	76.46				
	邹平市	6.4	34.16	6.2	153.36						

续表

设区市	县市区	Ⅰ		Ⅱ		Ⅲ		Ⅳ		Ⅴ	
		区片价	区片面积	区片价	区片面积	区片价	区片面积	区片价	区片面积	区片价	区片面积
菏泽市	牡丹区	8.3	21.63	7.1	56.25	6.5	148.82				
	定陶区	7.1	7.81	6.7	27.95	6.3	78.69				
	曹县	6.8	7.71	6	287.47						
	单县	6.8	3.58	6.5	3.45	6	240.09				
	成武县	7.2	3.28	6.6	11.26	6	133.74				
	巨野县	6.8	18.36	6	176.97						
	郓城县	7	3.29	6.6	21.01	6.2	220.75				
	鄄城县	7.2	4.32	6.6	15.26	6	136.14				
	东明县	7.2	5.34	6.7	28.15	6.2	162.50				
济宁市	任城区	8	14.91	7.5	60.81	7	56.38				
	兖州区	7.5	17.31	7	4.52	6.5	35.65	6	40.05		
	微山县	6.7	32.17	6.4	35.32	6	193.14				
	鱼台县	6.4	7.33	6	90.64						
	金乡县	6.8	5.26	6.4	65.26	6	62.64				
	嘉祥县	6.6	4.78	6	141.51						
	汶上县	6.8	5.90	6.4	100.02	6	27.46				
	泗水县	6.4	2.86	6	164.36						
	梁山县	6.6	10.37	6	133.77						
	曲阜市	7.2	27.10	6.6	70.07	6	25.05				
	邹城市	7.2	11.03	6.6	61.11	6	170.35				

十二、《山东省人民政府办公厅关于高速公路工程征地有关问题的通知》（鲁政办字〔2008〕49号）（节选）

（一）土地补偿费和安置补助费标准平均为3万元/亩。对不同区域和不同地类的实际征地补偿价格，由设区市人民政府在此基础上根据实际情况确定。

（二）青苗补偿费标准为耕地750元/亩、菜地1000元/亩。

（三）地上附着物拆迁补偿标准，按照设区市有关部门制定并报经省物价局、财政厅、国土资源厅批准的规定标准执行。其中，在城市规划区内涉及国有土地上房屋拆迁的，按照城市房屋拆迁管理的有关规定办理。

（四）耕地开垦费标准为8000元/亩。

（五）被征地农民社会保障补助费标准为8000元/亩。

（六）工程施工期间临时用地应逐年进行补偿，占用农用地为1500元/亩年。占用其他土地为1000元/亩年。为保证临时用地结束后及时复垦，收取土地复垦保证金，占用农用地保证金为8000元/亩，占用其他土地保证金为5000元/亩。临时用地上的地面附着物，按有关规定据实补偿。临时用地结束后，施工单位复垦并经县级国土资源部门组织检查验收合格的，退还土地复垦保证金。

（七）取（弃）土场用地补偿标准（含土地补偿费、青苗补偿费、土地复垦费）为：农用地1.8万元/亩，其他土地1万元/亩。取土深度按3米计，超过或者不足3米的，根据实际取土深度按比例相应调增或调减补偿标准。取（弃）土场用地涉及地上附着物的，按有关规定据实补偿。

（八）征地管理费按照省物价局、财政厅鲁价费发〔2001〕301号文件规定执行。

十三、《山东省人民政府办公厅关于促进高速公路加快发展的意见》（鲁政办发〔2016〕3号）

各市人民政府，各县（市、区）人民政府，省政府各部门、各直属机构，各大企业，各高等院校：

高速公路是国民经济发展的重要支撑和保障。经过多年发展，我省高速公路通车里程已达5348公里，高速公路网络基本形成，有力地推动了全省经济社会发展。“十三五”期间，我省高速公路要不断完善路网结构，提升通行服务能力，计划通车里程达到7600公里，对部分干线高速公路进行拓宽改造。为促进高速公路加快发展，经省政府同意，现提出以下意见：

一、强化规划引导(略)

二、深化投融资体制改革（略)

三、加大政策支持力度

（一）给予资金政策支持。对“十三五”新开工的国家高速公路政府收费项目，积极争取中央车购税补助资金。对经营性国家高速公路项目，积极落实国家相关支持政策。

（二）鼓励新建项目实施土地综合开发。鼓励新建高速公路项目多元化经营，在搞好收费和服务区管理的基础上，可按照“统一规划、配套供应、统筹建设”的原则在出入口、互通立交、服务区等毗邻的特定区域实施土地综合开发，开展仓储物流、客运站场、商业地产、旅游服务、广告、运输信息服务等业态的开发经营，充分发挥高速公路的经济和社会效益。

（三）给予耕地占补平衡支持。对2015年12月31日前已确定投资人的项目，耕地占补平衡费用由项目业主按现行政策标准及时足额支付给各设区市政府，费用不足部分由各设区市政府负责解决。对之后的项目，耕地占补平衡费用全额纳入投资概算，由投资人承担。

四、合理确定相关事权

（一）共同承担高速公路连接线建设事权。项目所在地设区市政府负责一并办理主线工程与纳入主线建设规模的连接线工程建设用地审批手续，并负责征地拆迁及路基小桥涵等投资，高速公路项目公司按照标准负责承担路面和大中桥建设资金。连接线工程用地土地使用权依法供给项目所在地政府，连接线建成后由项目所在地政府管理养护。

（二）合理确定超出项目设计标准部分的主体责任。项目路线走向、技术标准等要按照规划和国家有关规范执行。若因地方经济社会发展等因素确需变更立交桥、高架桥等构造物规模及标准的，在满足规范和审批部门要求的前提下，按照“谁主张、谁负责”的原则，增加部分的费用由提出变更项目建设内容的政府或单位承担。

（三）协同推进项目前期工作。设区市政府可成立前期工作班子，充分发挥协调优势，加快工作步伐，专门负责项目前期工作。对由项目投资人自主开展前期工作的项目，设区市政府要主动成立协调服务机构，协助投资人开展各项工作，营造良好投资环境。

（四）优化项目审批流程。对列入《山东省高速公路网中长期规划（2014—2030年）》的高速公路项目视同立项，可直接审批可行性研究报告或核准项目申请报告。项目所需的各支持性文件除法律明确规定外不得互为前置。对其他专项报告已开展论证的内容，项目环评报告中不再重复论证，穿越饮用水水源保护区相关论证及应急预案作为环评报告附件一并受理。属于国家审批的事项，要尽量压减省内的审批和报批时间，并由省政府有关部门负责主动向上汇报协调。

（五）加快项目用地手续办理。项目所在地设区市政府与省政府有关部门要密切配合，在保障群众利益的前提下，对由国家批准立项的高速公路项目，涉及占用耕地的，原则上实行“先补后占”，确实难以做到“先补后占”的，可在落实耕地占补平衡方案及所需资金的基础上，采取“边补边占”的方式办理相关征地手续，但应在项目竣工日前完成耕地占补平衡任务。

（六）明确政府征地拆迁主体责任。项目沿线设区市政府是落实耕地占补指标、征地拆迁、管线迁移、征地补偿安置、取（弃）土场及临时用地手续办理、基本农田补划、压覆矿产协调、建设环境维护等工作的责任主体，要统筹做好相关工作。高速公路沿线各级政府和交通运输、公安等部门要广泛宣传，依法做好征地拆迁安置，切实维护被征地农民合法权益。同时，要依法维护项目投资人和施工单位的合法权益，坚决制止欺行霸市、强揽工程等违法行为，真正形成政府主导、部门联动、多方参与、群众支持的高速公路建设新格局，营造良好建设环境。

五、提高管理和服务水平

（一）加强项目建设组织领导。充分发挥现有议事协调机构的作用，加强对全省交通重大基础设施建设的协调推进，协调解决项目建设的重大问题，定期对项目进展情况进行通报。各设区市政府可参照建立相关机制，协调推进高速公路建设。

（二）加强质量和安全管理。全面落实有关部门的监管责任和建设单位的主体责任，建立健全质量保证体系，全面推行高速公路施工标准化和“平安工地”创建活动。加强高速公路安全设施“三同时”监督管理，安全设施必须与主体工程同时设计、同时施工、同时投入生产和使用。高速公路工程交工验收时，应当邀请安全生产监督、公安机关交通管理部门参加，交通安全设施验收不合格的，不得通车运行。深入开展道路交通“平安行——你我他”行动，强化高速公路交通安全管理。公安机关交通管理部门执法办公场所与高速公路统一建设，并与高速公路同步投入使用。高速公路应当按照标准规范的要求安装路面全覆盖、高清视频监控装置和安全防护设施。公安机关交通管理部门应当加强对损坏高速公路及附属设施、违法占用应急车道、偷逃通行费等违法行为的查处。

十四、《山东省人民政府办公厅关于进一步严格规范征地管理工作的意见》（鲁政办字〔2017〕76号）（节选）

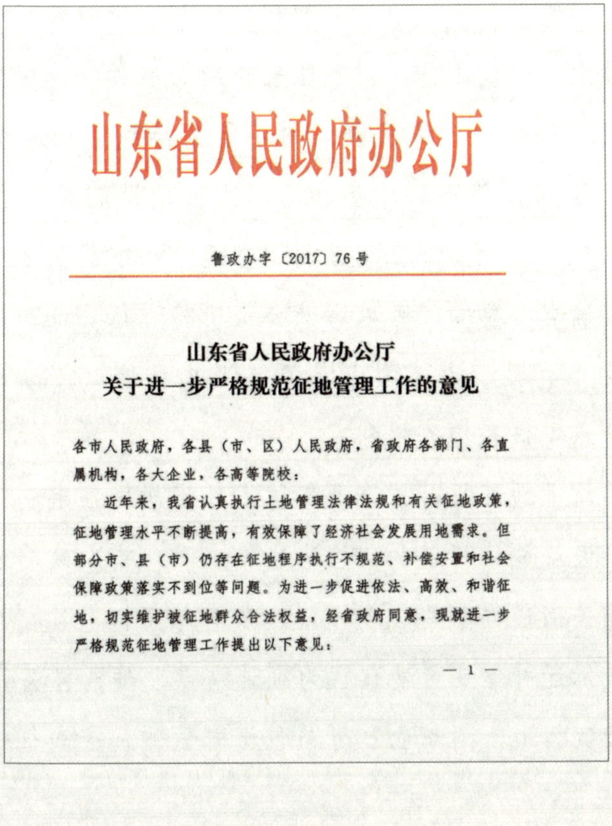
山东省人民政府办公厅

鲁政办字〔2017〕76号

山东省人民政府办公厅
关于进一步严格规范征地管理工作的意见

各市人民政府，各县（市、区）人民政府，省政府各部门、各直属机构，各大企业，各高等院校：

近年来，我省认真执行土地管理法律法规和有关征地政策，征地管理水平不断提高，有效保障了经济社会发展用地需求。但部分市、县（市）仍存在征地程序执行不规范、补偿安置和社会保障政策落实不到位等问题。为进一步促进依法、高效、和谐征地，切实维护被征地群众合法权益，经省政府同意，现就进一步严格规范征地管理工作提出以下意见：

— 1 —

一、严格规范征地程序

（一）规范征地公告程序。市、县（市）政府及其国土资源部门在拟征收土地公告、土地征收补偿安置方案公示、征收土地公告中，除列明《山东省土地征收管理办法》规定的事项外，应当一并告知被征地农村集体经济组织、土地承包户或者相关权利人可以申请协调、裁决、听证和行政复议的权利及申请期限和受理机关。公告、公示材料应当采取书面形式在被征地农村集体经济组织村务公开栏等场所予以张贴，并通过征地信息公开网络平台或广播、电视、报纸等渠道予以公开、公示。要综合运用照相、摄像、录音等方式做好公告、公示材料的现场信息采集、留存和归档。

（二）完善征地清点确认程序。在征地勘测调查过程中，农村集体经济组织、土地承包户和相关权利人应按规定的时间参与调查、清点、确认工作。对不能直接到场参加的，应当提供书面授权委托书，委托他人代理。对不能直接到场且未委托他人代理、经书面通知仍不到场参加的，由征地勘测调查人员现场调查、清点后，在《土地征收勘测调查清单》中载明情况并共同签字确认；确有必要的，可以聘请公证机构进行公证；勘测调查结束后，由市、县（市）国土资源部门书面通知农村集体经济组织、土地承包户和相关权利人。

在实施土地征收时，涉及集体土地上居民住宅、工矿企业及其他建筑设施成片拆迁的，应当由市、县（市）政府确定的拆迁机构或相关街道办事处、乡（镇）政府与产权人签订拆迁补偿安置协议，拆迁补偿安置协议视为征地清点、确认材料。

对于实行地上附着物和青苗包干补偿的，应当征得被征地农村集体经济组织、土地承包户和相关权利人同意，在《土地征收勘测调查清单》中注明土地权属、地类、面积和补偿标准，并由各方共同签字确认。

二、完善落实征地补偿安置政策

（一）完善征地补偿标准调整机制。各市要根据当地经济社会发展实际，适时调整征地区片综合地价标准，报省政府批准后实施。地上附着物和青苗补偿标准由市政府制定，报省财政、国土资源等有关部门同意后执行，并适时作出调整，至少5年调整一次。在保障被征地群众合法权益的前提下，积极探索协商议价、价格评估、认证等方式确定地上附着物和青苗补偿数额。

（二）多途径安置被征地群众。各市、县（市）要结合当地实际，综合运用货币、农业、留地（留物业）、社会保险、产权调换等方式，妥善安置被征地群众生产生活。积极探索建立兼顾国家、集体、个人的土地增值收益分配机制，合理提高个人收益。进一步完善被征地农民社会保障措施，征地批复后及时落实保障对象，切实保障被征地农民长远生计。

（三）加强征地补偿安置费用管理。各市、县（市）要切实加强征地补偿安置费用资金管理，确保及时足额拨付到位。征地补偿安置费用和被征地群众社会保障补贴资金的分配、使用和管理要纳入被征地农村集体经济组织村民会议或村民代表会议讨论决定事项范围。被征地农村集体经济组织要严格执行村务公开、财务公开和民主理财制度，确保征地补偿安置费用和被征地群众社会保障补贴资金的分配、使用和管理合法合规、公平合理、公开透明。

三、健全征地矛盾化解机制

（一）做好征地社会稳定风险评估。各地在征地实施前，要按照国家有关规定开展征地社会稳定风险评估工作，全面分析评估易引发不稳定风险的环节和因素，提出预防和化解不稳定风险的对策措施。征地实施过程中，要主动倾听群众合理诉求，及时妥善解决；对少数人提出的不合理要求，要依法依规、耐心细致地做好政策说明和释疑解惑工作，避免矛盾积累激化。加强征地舆情监测，及时分析研判，做好舆情引导、回应和处置，为征地工作营造良好的舆论环境。

（二）完善征地争议调处机制。被征地农村集体经济组织、土地承包户或者相关权利人对征地补偿标准、安置方式和土地权属、地类、面积等有异议的，可以在土地征收补偿安置方案公示之日起10日内，向实施征地的市、县（市）政府提出书面协调申请。被申请单位要在规定的时间内组织协调，妥善处理有关问题；协调不成的，应当书面告知申请裁决的途径和期限，并在告知书上载明协调过程及协调未达成一致意见的原因，申请人可以自收到告知书之日起15日内，向省政府申请裁决。

被征地农村集体经济组织、土地承包户或者相关权利人对征地补偿标准和安置方式有异议的，可以在土地征收补偿安置方案公示结束之日起5个工作日内，向实施征地的市、县（市）国土资源部门提出书面听证申请。市、县（市）国土资源部门应当依法组织听证，妥善处理群众提出的问题和诉求。逾期未提出听证申请的，视为放弃听证，市、县（市）国土资源部门应当书面记载附卷，不再要求被征地农村集体经济组织出具放弃听证证明。

被征地农村集体经济组织、土地承包户或者其他权利人对市、县（市）政府发布拟征收土地公告行为有异议的，可以在公告发布之日起60日内向其上一级政府申请行政复议；对市、县（市）国土资源部门组织征地勘测调查清点确认、土地征收补偿安置方案公示、听证行为有异议的，可以分别于上述行政行为作出之日起60日内向其本级政府申请行政复议；对市、县（市）政府发布的征收土地公告行为有异议的，可以于公告发布之日起60日内向其上一级政府申请行政复议；对省政府土地征收批复文件有异议的，可以于征收土地公告发布之日起60日内向省政府申请行政复议。行政复议期间，除法定情形外，不停止土地征收的实施。

综合运用协调、听证、裁决、行政复议、行政诉讼等多种方式，依法、及时处理征地补偿安置争议。主动加强与法院沟通咨询，帮助群众客观分析利益关系，正确对待意见分歧，有效化解征地矛盾纠纷，保护群众合法利益。涉及协调、裁决、行政复议和行政诉讼的，各有关部门要密切配合，切实做好证据提供等相关工作，依法履行协调、裁决、行政复议决定及人民法院的裁判。

（三）推进征地信息公开工作。按照“就近、及时、便民”的原则，将征地信息公开列为市、县（市）政府及其国土资源等相关部门和乡（镇）政府信息公开的工作重点。将征地补偿标准等有关政策、拟征收土地公告、土地征收补偿安置方案、“一书四方案”、土地征收批准文件、征收土地公告等信息列为主动公开的内容。

四、加强对征地工作的组织领导

市、县（市）政府是征地工作的责任主体，要切实加强对征地工作的组织领导，依法确定征地补偿标准，严格履行征地程序，及时落实被征地农民社会保障政策，切实做好拆迁补偿安置、群众工作和社会稳定等工作。街道办事处、乡（镇）政府负责配合做好征地有关工作，指导村居组织拟定被征地农民社会养老保障对象名单和养老保险方案并公示。各级、各有关部门要按照规定认真履行职责，各司其职，各负其责，密切配合，协调联动，共同做好征地有关工作，确保征地依法有序进行。

十五、《山东省自然资源厅　山东省财政厅关于公布省级耕地占补平衡指标调剂指导价格的通知》（鲁自然资发〔2019〕4号）

山东省自然资源厅
山东省财政厅 文件

鲁自然资发〔2019〕4号

山东省自然资源厅　山东省财政厅
关于公布省级耕地占补平衡指标调剂
指导价格的通知

各市人民政府，各县（市、区）人民政府，省政府各部门、各直属机构，各大企业，各高等院校：

按照《中华人民共和国土地管理法》和《国土资源部关于改进管理方式切实落实耕地占补平衡的通知》（国土资规〔2017〕13号）、《中共山东省委 山东省人民政府关于加强耕地保护和改进占补平衡的实施意见》（鲁发〔2018〕6号），为适应耕地

省政府同意，对省级耕地占补平衡指
省级统筹价8.5万元/亩；省级指标
亩，以8等别为基础，在此基础上，
/亩，每降低一个等别减少0.7万
偿、补充耕地成本、粮食产能、
地开垦费标准和补充耕地调剂

日起施行。《山东省国土资源
占补平衡指标调剂指导价格
同时废止。

源厅　山东省财政厅
11月29日

月29日印

按照《中华人民共和国土地管理法》和《国土资源部关于改进管理方式切实落实耕地占补平衡的通知》(国土资规〔2017〕13号)、《中共山东省委　山东省人民政府关于加强耕地保护和改进占补平衡的实施意见》(鲁发〔2018〕6号),为适应耕地占补平衡政策的新要求,经省政府同意,对省级耕地占补平衡指标调剂指导价格予以公布:省级统筹价8.5万元/亩;省级指标调剂价为一般耕地10.6万元/亩,以8等别为基础,在此基础上,每增加一个等别提高0.7万元/亩,每降低一个等别减少0.7万元/亩。各市要在考虑耕地保护补偿、补充耕地成本、粮食产能、地类等因素的基础上,制定本市耕地开垦费标准和补充耕地调剂价格标准。

本文件有效期2年,自公布之日起施行。《山东省国土资源厅山东省财政厅关于公布省级耕地占补平衡指标调剂指导价格的通知》(鲁国土资发〔2017〕12号)[15]同时废止。

补充:

《山东省国土资源厅　山东省财政厅关于公布省级耕地占补平衡指标调剂指导价格的通知》(鲁国土资发〔2017〕12号)

为落实省委省政府关于推动新旧动能转换重大工程部署要求,推进供给侧结构性改革,根据《中共中央国务院关于加强耕地保护和改进占补平衡的意见》(中发〔2017〕4号)要求和省政府关于全省高速公路建设暨服务区提升工作会议精神,综合考虑补充耕地成本、资源保护补偿、管护费用及区域差异等因素,经省政府同意,确定我省耕地占补平衡指标调剂指导价格为8.5万元/亩。指导价格执行期原则上为两年,自公布之日起施行。

十六、《山东省国土资源厅　山东省财政厅　关于德州市征地地上附着物和青苗补偿补偿标准的批复》（鲁国土资字〔2017〕395 号）

山东省国土资源厅
山 东 省 财 政 厅

鲁国土资字〔2017〕395 号

山东省国土资源厅 山东省财政厅
关于德州市征地地上附着物和青苗
补偿标准的批复

德州市国土资源局、财政局：

你市《关于审批征地地上附着物和青苗补偿标准调整成果的请示》（德国土资呈〔2017〕237 号）收悉。经研究，同意你市制定的征地地上附着物和青苗补偿标准（详见附件）。

本批复自下发之日起执行。

附件：德州市征地地上附着物和青苗补偿标准

山东省国土资源厅　山东省财政厅

2017年12月29日

- 1 -

德州市征地地上附着物和青苗补偿标准

序号	名称	类别			补偿标准	备注
1	房屋	住宅楼房	砖混一级		1000—1200元/㎡	砖混结构，层高2.7米以上；钢筋条形基础或整板基础，24砖墙体承重，钢筋混凝土构造柱，层层圈梁，混凝土屋面有防水保温层或混凝土屋面有平瓦起脊屋面；外墙面砖或涂料，内墙面高档仿瓷涂料，瓷砖地面，塑钢门窗或铝合金门窗，纱窗，分户防盗门；楼梯间不锈钢扶手，大理石楼梯踏步
			砖混二级		850—1000元/㎡	砖混结构，层高2.6米以上；砖石基础，24砖墙体承重，钢筋混凝土构造柱，层层圈梁，现浇屋面有防水保温层；外墙面水泥砂浆抹面，内墙面普通仿瓷涂料，水泥砂浆地面，铝合金门窗，分户木门；现浇楼梯，不锈钢扶手
		商业楼房	办公楼		1000—1300元/㎡	框架结构，层高3.2米以上；钢筋混凝土框架，现浇楼板；外墙面砖或涂料，内墙面仿瓷涂料，瓷砖地面或水泥砂浆地面，塑钢门窗或铝合金门窗
			营业楼		1100—1400元/㎡	框架结构，层高2.8米以上；钢筋混凝土框架，现浇楼板；外墙面砖或高档涂料，内墙面高档仿瓷涂料，瓷砖地面，塑钢门窗或铝合金门窗
		平房	砖混结构平房	砖混一级	850—950元/㎡	砖混结构，檐高3.5米以上；37砖墙体承重，水泥砂浆砌筑，构造柱，上下圈梁，钢筋混凝土预制或现浇楼板屋顶，屋面有防水保温层或平瓦起脊屋面；外墙面水刷石或高档涂料，内墙面仿瓷涂料，瓷砖或水磨石地面，双裁口铝合金或塑钢门窗
				砖混二级	750—850元/㎡	砖混结构，檐高2.8米以上；24砖墙体承重，水泥砂浆砌筑，构造柱，上下圈梁，钢筋混凝土预制或现浇楼板屋顶；外墙面水泥砂浆抹面或普通涂料，内墙面仿瓷涂料，水泥砂浆地面，铝合金、塑钢或木质门窗
				砖混三级	650—750元/㎡	砖混结构，檐高2.5米以上；24砖墙体承重，水泥砂浆砌筑；外墙面清水墙，水泥砂浆勾缝，内墙面普通涂料，水泥砂浆地面，单裁口木质门窗

续表

序号	名称	类别		补偿标准	备注
		砖木结构平房	砖木一级	550—650 元/㎡	砖木结构，檐高 3.2 米以上；24 砖墙体承重，上下圈梁，水泥砂浆砌筑，钢筋混凝土过梁，标准木檩条，屋顶防水处理，出厦；外墙面砖或涂料，内墙面仿瓷涂料，双裁口铝合金或塑钢外门窗，木质内门，瓷砖地面或木地板地面，高档吊顶
			砖木二级	500—550 元/㎡	砖木结构，檐高 3.0 米以上；24 砖墙体承重，水泥砂浆砌筑，出厦，钢筋混凝土过梁，标准木檩条，红瓦起脊屋面；外墙面水泥砂浆抹面，内墙面仿瓷涂料，板条抹灰吊顶，木质双裁口门窗，瓷砖地面或水磨石地面
			砖木三级	450—500 元/㎡	砖木结构，檐高 2.6 米以上；24 砖墙体承重，黄土泥砌筑，木檩条，红瓦起脊屋面；外墙面清水墙，水泥砂浆勾缝，木质单裁口门窗，内墙面普通涂料，简单吊顶或无吊顶，水泥地面
			砖木四（简易平房）	250—300 元/㎡	砖木结构，檐高 2.2 米以上；简易砖基础，砖垛，苇箔草顶；清水墙，门窗基本完好
		土木结构平房		270—400 元/㎡	土木结构，檐高 2.6 米以上；砖基，砖垛，土坯墙承重，木结构斜坡草屋顶或瓦屋顶；木质门窗，水泥地面或砖铺地面，简单吊顶或无吊顶
1	房屋	钢结构房屋	彩钢瓦板房	250—400 元/㎡	轻型钢骨架，夹心复合板隔墙，铝合金门窗，水泥地面或瓷砖地面
			轻型钢结构厂房	300—600 元/㎡	轻型钢材为主要的承重构件，砖墙体或钢柱支撑，钢梁，钢屋架，钢板
			重型钢结构厂房	600—1000 元/㎡	重型钢材为主要的承重构件，砖墙体或钢柱支撑，钢梁，钢屋架，钢板
2	简易棚	前柱后墙棚		80—150 元/㎡	砖墙、砖柱、檩条苇箔顶
		无墙棚		50—80 元/㎡	砖柱、檩条苇箔顶
		彩钢瓦棚		50—150 元/㎡	轻型钢架或铁架支撑，单层板或复合板

续表

序号	名称	类别	补偿标准	备注
3	门洞	砖混结构，与偏房一体，楼板顶	450—650 元/㎡	1.旧料归原主； 2.同类别的补偿价格按新旧程度在补偿标准区间内适当取值
		砖木结构，与偏房一体，檩条、苇箔顶	350—550 元/㎡	
		独立门楼，砖墙	200—260 元/㎡	
		独立门楼，土坯墙	150—180 元/㎡	
4	围墙	砖墙高 1.5—2.0m	100—150 元/m	1. 土坯墙根据砖墙相应标准减半； 2. 旧料归原主
		砖墙高 2.0—2.5m	120—200 元/m	
		砖墙高 2.5m 以上	150—250 元/m	
		水泥柱栅栏墙	250—330 元/m	
		铸铁围墙	280—340 元/m	
5	影壁墙	装饰后	150—250 元/㎡	旧料归原主
		未装饰一般墙	120—150 元/㎡	
6	厕所	砖砌有顶	180—240 元/㎡	1.旱厕改造的水冲式厕所价格可上调，最高上调比例不超过 50%； 2.旧料归原主
		砖砌无顶	80—120 元/㎡	
7	化粪池	砖（石）砌结构	60—80 元/m³	按体积计算
8	畜禽舍	砖木结构	150—250 元/㎡	1.旧料归原主；2.檐高 2.2 米以下
		简易结构	70—150 元/㎡	
9	硬化地面	砖地面 红砖地面（平铺）	20 元/㎡	1.水泥地面指红砖基础水泥抹面； 2.不含室内地面
		砖地面 花砖地面	30—50 元/㎡	
		水泥地面	30—40 元/㎡	
		沥青地面	60 元/㎡	
		混凝土地面	40—90 元/㎡	
10	自来水管	户内水管	5—15 元/m	包括旧料损失及拆建人工费
		主管道	25—35 元/m	
11	排水沟	砖砌跨径 0.5m 以下	30—50 元/m	包括旧料损失及拆建人工费
		砖砌盖板跨径 0.5m 以上	60—100 元/m	
		涵管	50—100 元/m	

续表

序号	名称	类别	补偿标准	备注
12	水井	压水井	260—320元/眼	1.包括工程用料、用工等费用，不包括配套设施费用；2.废、枯井按同类补偿标准的30%—50%执行
		砖井	2000元/眼	
		机井 0m<井深<50m	70—100元/m	
		机井 50m≤井深<100m	100—120元/m	
		机井 100m≤井深<250m	120—300元/m	
		机井 井深≥250m	300—460元/m	
13	小桥	钢筋混凝土矩形板桥	1100—1300元/㎡	1.按桥面积计算；2.旧料归原主
		石拱桥	1700—1900元/㎡	
		砖拱桥	900—1100元/㎡	
14	涵洞	石盖板涵跨径1—2m	600—800元/m	1.按涵长计算；2.旧料归原主
		石拱涵跨径1—4m	1800—2000元/m	
		钢筋混凝土圆管涵跨径1—2m	1500—1700元/m	
		钢筋混凝土盖板涵跨径1.5—4m	1800—2000元/m	
15	迁坟	棺木、拾骨、骨灰盒	1500元/座	包括迁葬工程费及材料费
16	温室大棚	钢、砼骨架，塑料薄膜棚	80—150元/㎡	包括机械、草棚及其他保温覆盖物，田间基础设施井、沟渠等
		简易大拱塑料薄膜棚	30—50元/㎡	砖墙体或土墙体，竹骨架，塑料薄膜顶，跨径5米以上
		简易小拱塑料薄膜棚	15—25元/㎡	竹骨架，塑料薄膜顶，跨径小于2米
17	电力通讯设施	低压电力、通讯广播线路水泥杆	1200—1400元/杆	1.包括箱、电线等材料损失及迁建工时费；2.废弃线路、设备设施按同类补偿标准的20%—50%执行
		变电室	5000—8000元/座	
		变压器及附属设施	40 000—90 000元/台	
18	砖窑	轮窑	10 000元/门	1.包括烟囱及烘干室；2.废窑按同类补偿标准的20%—50%执行
		土窑	25 000元/座	

续表

序号	名称	类别		补偿标准	备注
19	塘	鱼塘	砖(石)砌鱼塘	12 000—15 000 元/亩	1.含土石方工程及鱼苗损失费；2.自然形成的坑塘不予补偿
			土筑鱼塘	6000—10 000 元/亩	
		藕塘		7000—8000 元/亩	1.含土石方工程及藕秧损失费；2.自然形成的坑塘不予补偿
20	乔木	1cm≤胸径<5cm		4—6 元/棵（每亩不超过 1350 棵）	1.指用材林木；2.树归原主；3.特种用途树木价格另议
		5cm≤胸径<10cm		30—50 元/棵（每亩不超过 160 棵）	
		10cm≤胸径<20cm		50—70 元/棵（每亩不超过 120 棵）	
		胸径≥20cm		75 元/棵（每亩不超过 100 棵）	
		香椿树	胸径<5cm	10 元/墩	树归原主
			5cm≤胸径<10cm	30—60 元/棵	
			胸径≥10cm	60—90 元/棵	
21	灌木	多年生		8—15 元/墩	树归原主
22	苗圃	杨、柳、桐等一般类树种		8000—10 000 元/亩	1.树归原主；2.特种用途树木苗圃价格另议
		松、柏类及其他观赏经济类树种		13 000—15 000 元/亩	
23	花卉	花卉		15 000—17 000 元/亩	1.包括移植费和损失费；2.花卉归原主
24	果树	幼龄期		40—80 元/棵（每亩不超过 180 棵）	1.包括苹果、梨、杏、桃、核桃、柿、枣、石榴、山楂等常见树种；2.树归原主；3.特产树种价格另议
		初果期		250—320 元/棵（每亩不超过 100 棵）	
		盛果期		280—420 元/棵（每亩不超过 100 棵）	
		衰老期		150—300 元/棵（每亩不超过 100 棵）	
		葡萄	幼龄期	5—15 元/棵（每亩不超过 1000 棵）	1.科学、合理的种植密度；2.树归原主
			初果期	25—35 元/棵（每亩不超过 450 棵）	
			盛果期	40—100 元/棵（每亩不超过 200 棵）	
			衰老期	30—50 元/棵（每亩不超过 200 棵）	

续表

序号	名称	类别	补偿标准	备注
25	青苗	青苗	一年种植一季作物的按年产值进行补偿，一年种植两季作物的按年产值的50%进行补偿	

说明：

1. 城市规划区以内的房屋征收与补偿标准，可参照国有土地上房屋征收执行。

2. 国家和省确定的铁路、公路、机场、航道港口、水利工程、能源工程等重大基础设施项目征收土地地上附着物和青苗补偿等标准另有规定的，从其规定。

3. 当地政府发布拟征地公告后抢种、抢栽的青苗、树木以及抢建的建筑物、构筑物，一律不适用于本补偿标准。

4. 上述表格中未列出的地上附着物及有争议的地上附着物，由价格认定机构据实进行价格认定；特种用途树木、特产树种果树由相关部门进行认定。

5. 有线电视、宽带网、电话、空调、太阳能、热水器等附属物的迁移费按行业标准执行。

6. 房屋价格调整系数说明：可按建筑结构、装饰装修中的每小项适当进行调节。

7. 折旧系数：根据房屋建成年限、结构、现场观察房屋维修养护情况在本等级房屋价格范围内确定。

8. 上述表格中涉及的乔木胸径是指离地面高度1.3米处树干的直径。

9. 各县（市、区）人民政府（管委会）可结合辖区实际情况制定实施细则。

十七、《山东省国土资源厅关于加强临时用地管理的通知》（鲁国土资规〔2018〕3号）（节选）

临时用地的补偿费用包括地上附着物和青苗补偿费、土地补偿费。地上附着物和青苗补偿费参照由各市拟定并经山东省国土资源厅、山东省财政厅批准的征地地上附着物和青苗补偿费标准执行。临时用地土地补偿费标准按照占用时间逐年补偿：占用农用地补偿标准原则上不得低于2500元/亩年，占用其他土地不得低于1800元/亩年，取（弃）土场、预制场、拌合站等短时间内难以恢复原耕作条件的，按照该地块征地区片综合地价标准的80%补偿。各地可根据地方实际情况制定各类临时用地补偿标准。具体临时用地补偿费用可由申请人与土地权利人根据各市确定的补偿标准协商确定。

临时使用未确定使用权的国有土地的，土地补偿费由县级国土资源部门按照临时使用土地合同约定的标准收取，全额缴入同级国库；临时使用已确定使用权的国有土地的，土地补偿费支付给国有土地使用权人；临时使用农村集体所有土地的，土地补偿费和地上附着物、青苗的补偿费支付给土地所属的村集体经济组织，由其支付给土地承包经营者，并予以公示。临时用地补偿有关费用应在土地交付使用前支付到村集体经济组织账户，补偿不到位的不得使用。

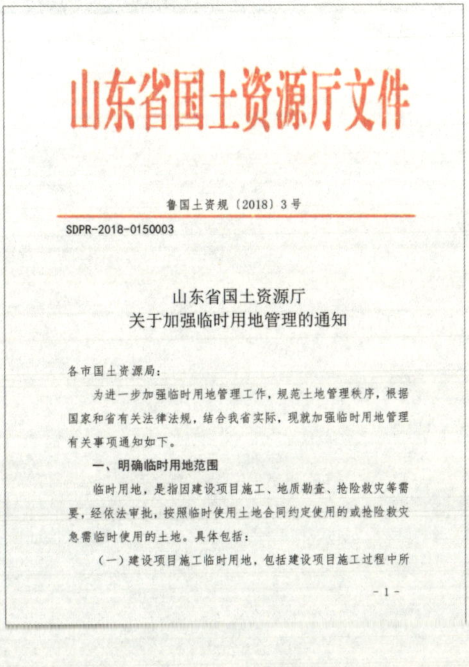
山东省国土资源厅文件

鲁国土资规〔2018〕3号

SDPR-2018-0150003

山东省国土资源厅
关于加强临时用地管理的通知

各市国土资源局：

为进一步加强临时用地管理工作，规范土地管理秩序，根据国家和省有关法律法规，结合我省实际，现就加强临时用地管理有关事项通知如下。

一、明确临时用地范围

临时用地，是指因建设项目施工、地质勘查、抢险救灾等需要，经依法审批，按照临时使用土地合同约定使用的或抢险救灾急需临时使用的土地。具体包括：

（一）建设项目施工临时用地，包括建设项目施工过程中所

- 1 -

80

第八章　组织培训，夯实基础

依法依规履行职责，要求京台高速公路德齐段改扩建工程征地拆迁工作人员必须尽快提升工作能力，提高工作的规范化、法治化水平，切实把依法依规要求落实到征地拆迁工作的全过程、各环节。因此，为落实“精准发现问题、精准把握政策、精准作出处置”的“三个精准”要求，京台高速公路德齐段改扩建工程以前阶段梳理的法律、法规、规章、规范性文件为主要培训内容，在培训上狠下功夫，弥补不足、补齐短板，着力增强运用法治思维和法治方式开展征地拆迁工作的本领。

京台高速公路德齐段改扩建工程组织市指挥部、各县（市、区）指挥部等有关人员，参与集中培训，宣讲法律法规、征地拆迁政策、清点流程及注意事项，明确评估统计记录要求，并针对来自不同部门的工作人员参与征地拆迁工作时的侧重点，分门别类指出重点难点，精准培训，并梳理总结出精准培训“三应该、三到位”，即：使来自不同部门的每名工作人员都清楚自己“应该出现的时间、应该到达的位置、应该发挥的作用”，确保“人员落实到位、政策落实到位、任务落实到位”，精准培训“三应该、三到位”，强调夯实基础、人尽其职、人尽其责，最终大大提高了后阶段征地拆迁工作效率。

京台高速公路德齐段改扩建工程征地拆迁培训内容

序号	培训内容
1	《中国共产党章程》有关党员必须履行的义务
2	《中国共产党纪律处分条例》有关在征地拆迁过程中，对违反廉洁纪律行为的处分、对违反群众纪律行为的处分
3	《中华人民共和国民法典》有关征收集体所有的土地和组织、个人的房屋以及其他不动产的法律规定
4	《中华人民共和国土地管理法》
5	《中华人民共和国土地管理法实施条例》
6	《中华人民共和国耕地占用税法》
7	《中华人民共和国耕地占用税法实施办法》
8	《中共中央国务院关于加强耕地保护和改进占补平衡的意见》

续表

序号	培训内容
9	《中共山东省委山东省人民政府关于加强耕地保护和改进占补平衡的实施意见》
10	《山东省土地征收管理办法》
11	《山东省人民政府关于山东省征地区片综合地价的批复》
12	《山东省人民政府办公厅关于高速公路工程征地有关问题的通知》
13	《山东省人民政府办公厅关于促进高速公路加快发展的意见》
14	《山东省人民政府办公厅关于进一步严格规范征地管理工作的意见》
15	《山东省自然资源厅山东省财政厅关于公布省级耕地占补平衡指标调剂指导价格的通知》
16	《山东省国土资源厅山东省财政厅关于德州市征地地上附着物和青苗补偿补偿标准的批复》
17	《山东省国土资源厅关于加强临时用地管理的通知》
18	《山东省人民政府关于全省高速公路建设工作调度会会议纪要》
19	《京台高速公路德齐段改扩建工程放线、勘界、清点工作实施方案》
20	京台高速征地拆迁工作流程
21	国土资源部门《土地征收勘测调查清单》(含土地征收勘测调查登记表、青苗和地上附着物调查登记表)

青苗和地上附着物调查登记表

______镇(街道)______村(居)(公章)　　调查时间：______年____月____日

序号	产权人姓名	种类	规格	土地面积	地上物数量	产权人签字捺印	备注
1							

勘测调查人(三人以上签字)：国土资源局：________，乡镇政府：________，

村委会：________，勘测调查单位：________________________________

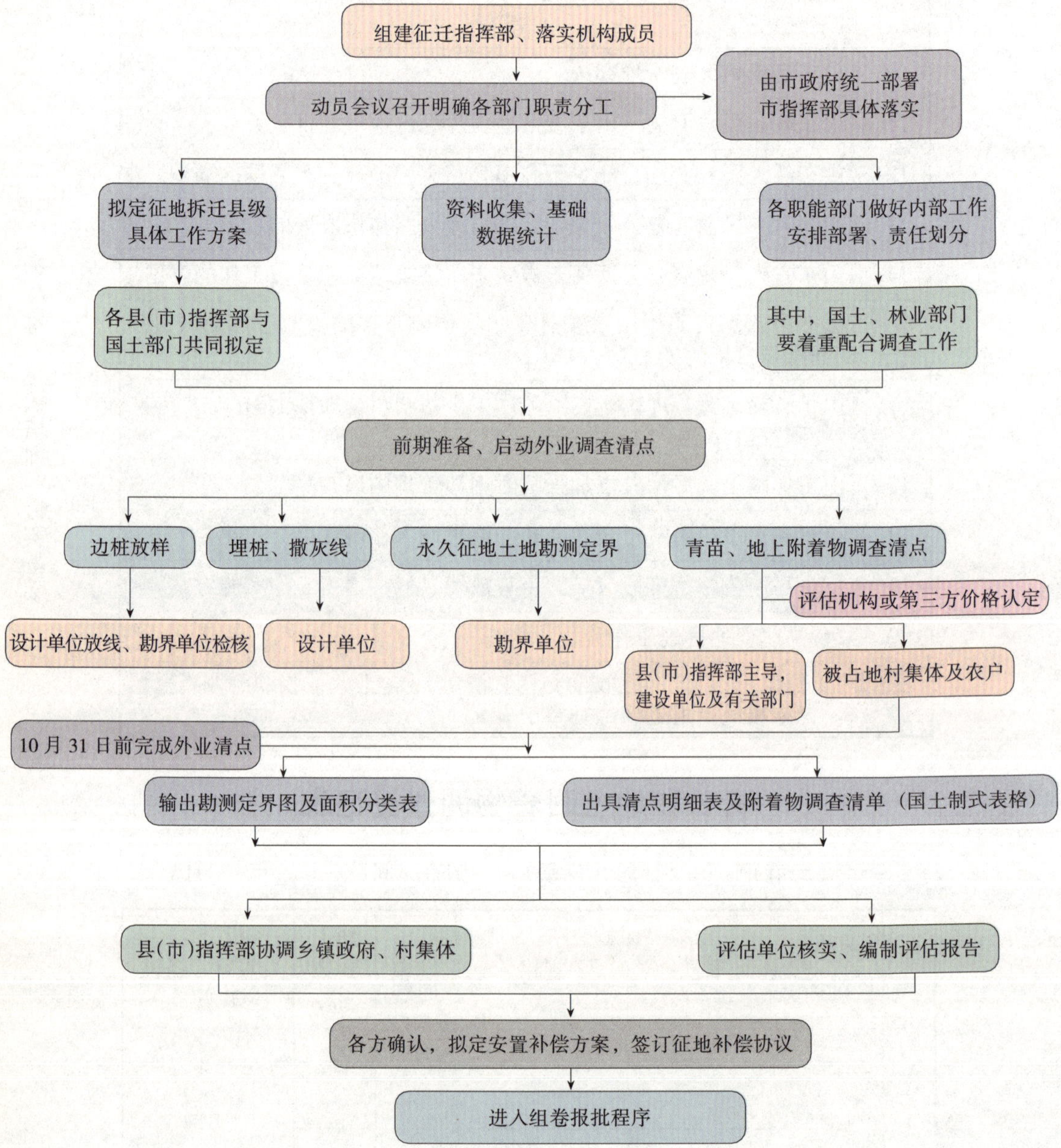

京台高速征地拆迁工作流程图

土地征收勘测调查登记表

______乡(镇、街道) ______村(居)(公章)　　土地所有权证号：　　　　调查时间：______年____月____日

（被征收收回）土地现状地类		土地面积（公顷）	区片等级	涉及的联产承包户或土地使用权人	备注
农用地	耕地			张××、王××、李××	
建设用地					
未利用地					
合计					
全村总人口（人）		全村土地面积（公顷）		全村耕地面积（公顷）	

勘测调查人（三人以上签字）：国土资源局：______，乡镇政府：______，村委会：______，勘测调查单位：______，

第九章　不折不扣，履行程序

为了在每个问题的处置、每个被征迁人的对接、每个补偿的确认上，做到“对事负责、对人负责、对历史负责”的“三个负责”要求，京台高速公路德齐段改扩建工程认真执行征地拆迁法律法规，以及《山东省土地征收管理办法》（山东省人民政府令2010年第226号）和《山东省政府办公厅关于进一步严格规范征地管理工作的意见》（鲁政办字〔2017〕76号）精神，积极配合协助德州市、沿线县（市、区）政府及其相关部门，不折不扣履行征地拆迁工作程序，以程序的规范来保证征地拆迁工作的合法落实，在切实维护被征地拆迁人民群众权益的同时，做到了“迅捷、高效、和谐”征地拆迁。在程序上，共分为以下九个方面：

一、征地公告

协助德州市、沿线县（市、区）政府自然资源部门发布拟征收土地公告，告知被征地拆迁人民群众拟征地的位置、范围、用途、补偿标准等内容；同时告知被征地拆迁人民群众相关权力和责任。具体来说：京台高速公路德齐段改扩建工程配合协助德州市、沿线县（市、区）政府及其自然资源部门在拟征收土地公告、土地征收补偿安置方案公示中，除列明《山东省土地征收管理办法》（山东省人民政府令2010年第226号）规定的事项外，还一并告知了被征地农村集体经济组织、土地承包户或者相关权利人[16]可以申请协调、裁决、听证和行政复议的权利及申请期限和受理机关。公告、公示材料采取了书面形式，京台高速公路德齐段改扩建工程安排专人，协助自然资源部门在被征地农村集体经济组织村务公开栏等场所予以张贴。

二、勘测调查

配合协助德州市、沿线县（市、区）政府自然资源部门组织财政、乡镇政府、村集体经济组织、土地承包户及相关权利人等，对拟征收土地进行现场调查、清点、确认。具体来说：在征地拆迁勘测调查过程中，农村集体经济组织、土地承包户和相关权利人应按规定的时间参与调查、清点、确认工作。现场调查、清点完成后，在《土地征收勘测调查清单》共同签字确认，并由德州市、沿线县（市、区）政府自然资源部门书面通知农村集体经济组织、土地承包户和相关权利人。对于实行地上附着物和青苗包干补偿的，京台高速公路德齐段改扩建工程征得被征地农村集体经济组织、土地承包户和相关权利人同意，在《土地征收勘测调查清单》中注明土地权属、地类、面积和补偿标准，并由各方共同签字确认。

对《土地征收勘测调查清单》签字确认

三、征地补偿安置方案公示

京台高速公路德齐段改扩建工程协同德州市、沿线县（市、区）政府有关部门，根据勘测调查结果和国家有关规定，拟定《征地补偿安置方案》。《征地补偿安置方案》内容包括了征收土地的位置、地类、面积、补偿费标准、数额、补偿安置方式等内容，在农村集体经济组织所在地进行公示，同时告知被征地拆迁人民群众申请救济的渠道和时限，充分听取被征地拆迁人民群众意见。

四、签订征地补偿安置协议

农村集体经济组织、农民或者其他权利人同意补偿标准和安置方式后，京台高速公路德齐段改扩建工程协助德州市、沿线县（市、区）政府自然资源、财政、人社部门与农村集体经济组织签订拟征地补偿安置协议。

五、落实被征地农民社会保障补贴

在征地报批前落实被征地农民社会保障补贴费用，待征地批准后，依法做好被征地农民社会保障工作。

六、组织报批

德州市、沿线县（市、区）政府按照建设用地报批要求，组织材料，报有批准权的政府批准。

七、批后公告

德州市、沿线县（市、区）政府收到土地征收批准文件后，10个工作日内在被征地村集体经济组织所在地和山东省征地信息公开查询系统同时发布《征收土地公告》。

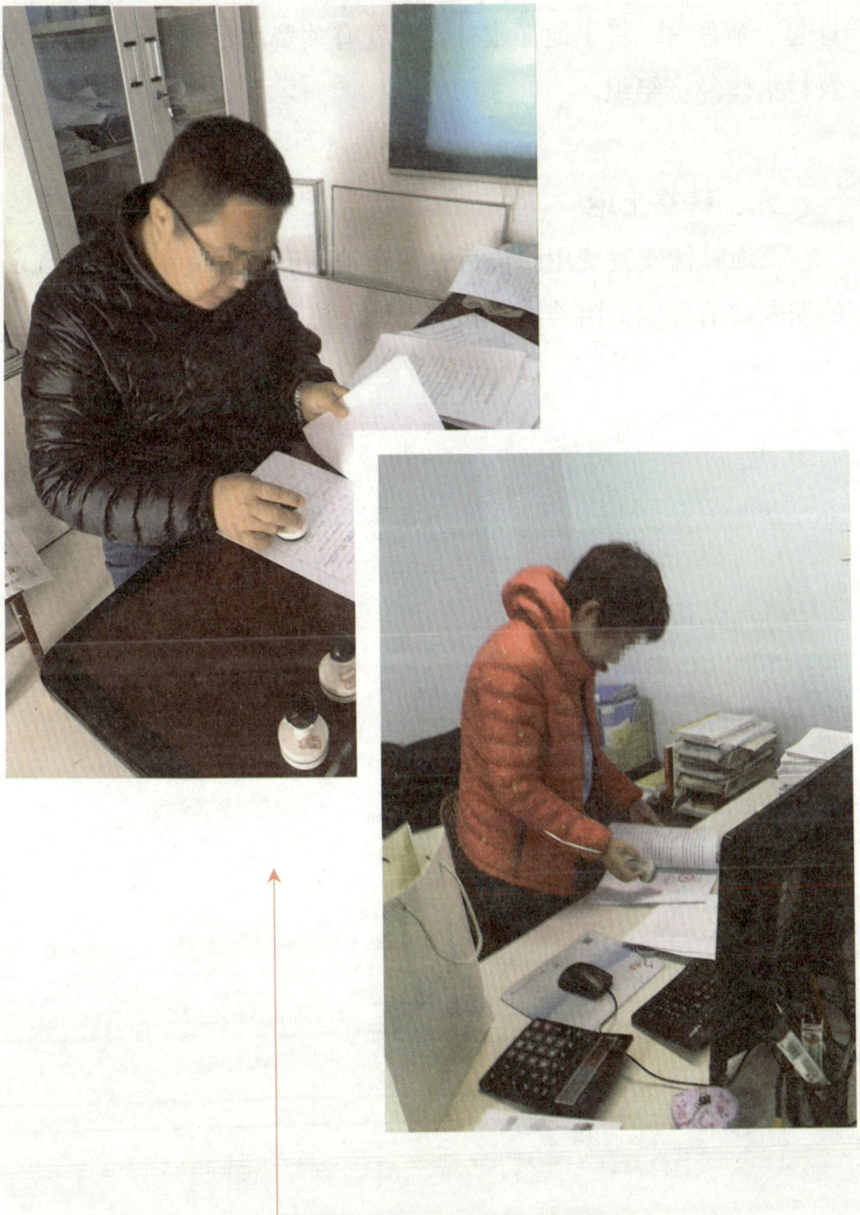

拟征地补偿安置协议由村委会盖章及财政局盖章

八、拨付征地补偿费

德州市、沿线县（市、区）政府财政部门自批准土地征收之日起3个月内，将土地征收补偿安置有关费用足额支付给被征地农村集体经济组织。

九、移交土地

征地补偿安置费用到位后，原土地所有权和使用权人在规定的期限内清理地上附着物，移交土地，施工单位同步进场。

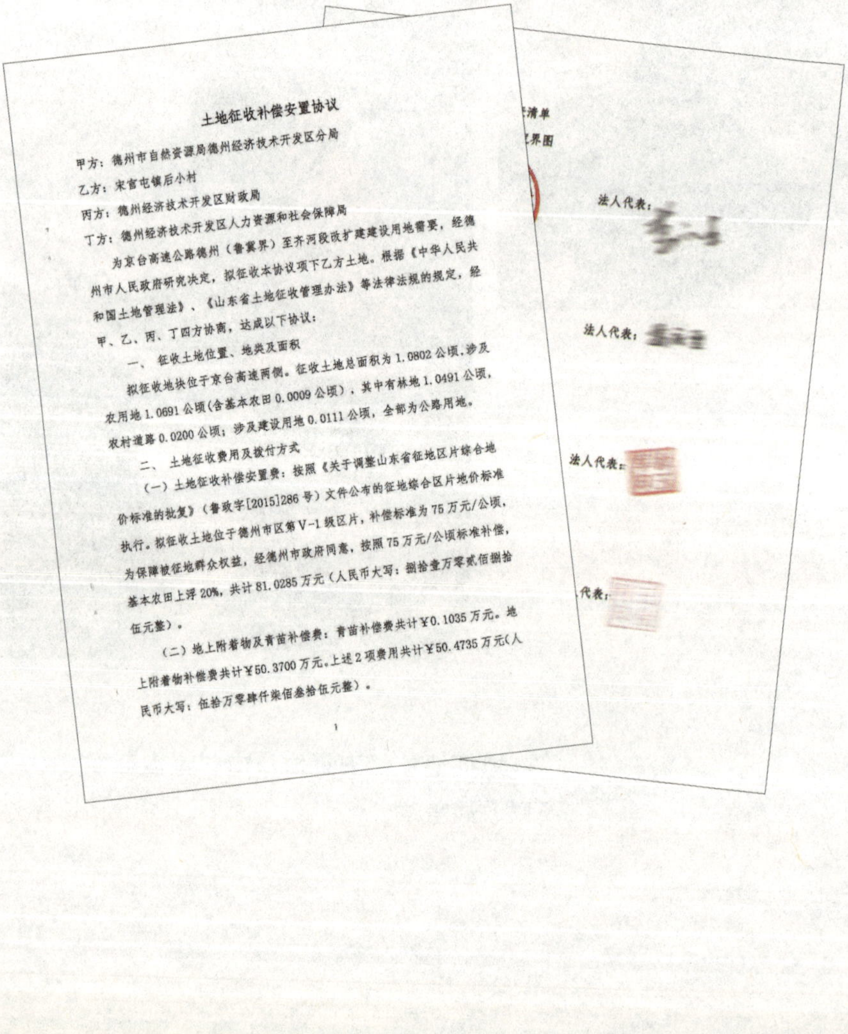

土地征收补偿安置协议

甲方：德州市自然资源局德州经济技术开发区分局

乙方：宋官屯镇后小村

丙方：德州经济技术开发区财政局

丁方：德州经济技术开发区人力资源和社会保障局

为京台高速公路德州（鲁冀界）至齐河段改扩建建设用地需要，经德州市人民政府研究决定，拟征收本协议项下乙方土地。根据《中华人民共和国土地管理法》、《山东省土地征收管理办法》等法律法规的规定，经甲、乙、丙、丁四方协商，达成以下协议：

一、 征收土地位置、地类及面积

拟征收地块位于京台高速两侧。征收土地总面积为1.0802公顷，涉及农用地1.0691公顷(含基本农田0.0009公顷)，其中有林地1.0491公顷，农村道路0.0200公顷；涉及建设用地0.0111公顷，全部为公路用地。

二、 土地征收费用及拨付方式

（一）土地征收补偿安置费：按照《关于调整山东省征地区片综合地价标准的批复》（鲁政字[2015]286号）文件公布的征地综合区片地价标准执行。拟征收土地位于德州市区第V-1级区片，补偿标准为75万元/公顷，为保障被征地群众权益，经德州市政府同意，按照75万元/公顷标准补偿，基本农田上浮20%，共计81.0285万元（人民币大写：捌拾壹万零贰佰捌拾伍元整）。

（二）地上附着物及青苗补偿费：青苗补偿费共计￥0.1035万元。地上附着物补偿费共计￥50.3700万元。上述2项费用共计￥50.4735万元(人民币大写：伍拾万零肆仟柒佰叁拾伍元整）。

1

法人代表：

法人代表：

法人代表：

代表：

征地县内林地清表

广告牌拆除现场

全省交通运输重点工
创先
创先争优劳动竞赛

第十章　六型山高，推动征迁

为落实“确保如期通车的政治效果、确保补偿到位的经济效果、确保稳定和谐的社会效果”的“三个效果”要求，在征地拆迁过程中，京台高速公路德齐段改扩建工程以红色、创新、质量、卓越、活力、文化“六型山高”建设为抓手，努力做好了各项工作，积极探索并推动形成了“1918”征地拆迁新模式。

一、坚持以“红色山高”为引领

京台高速公路德齐段改扩建工程，始终高度重视党的建设，充分发挥党的建设和“红色山高”对于征地拆迁工作的引领作用，紧密结合征地拆迁现场实际和项目建设工作需要，“以党的建设促征地拆迁、以征地拆迁保工程进度”。

（一）结合征拆需要、强化党的建设

京台高速公路德齐段改扩建工程在按时完成支部委员会组织机构建设的基础上，立即完善支部党组织结构体系和党的制度体系，严格落实“三会一课”、主题党日等党内基本政治生活规定，主动学习党章党纪党规，不断创新党建载体，破解征地拆迁难

题，积蓄激发征地拆迁新动能，通过“三严三实”、“两学一做”等学习教育活动，提高征地拆迁工作人员中党员的党性思想和政治觉悟，不断加强廉政教育，提高拒腐防变能力，形成风清气正的良好氛围。特别是京台高速公路德齐段改扩建工程按照“红色山高”的最新要求，坚持强化党员头雁效应，充分发挥各参建单位基层党组织战斗堡垒作用和先锋模范作用，在征地拆迁工作中，切实做到了“思想统一、力量集聚、措施抓实”。

（二）树立党建品牌、决战决胜攻坚年

京台高速公路德齐段改扩建工程深入学习贯彻习近平新时代中国特色社会主义思想，贯彻执行党的路线方针政策，包括征地拆迁工作人员在内的项目全体参建人员，围绕中心、服务大局，积极参与“党旗领航　党徽闪耀　决战决胜攻坚年”活动，组建党员高品质服务先遣队和党员技术攻关先锋队，带动劳动模范和青年团员，全力保障征地拆迁、综合协调、工程建设驶入快车道。京台高速公路德齐段改扩建工程积极开展党史学习、党建联

“党旗领航　党徽闪耀　决战决胜攻坚年”启动大会现场

弘扬劳模精神
党史凝聚力量

“安全生产”主题党日暨“送清凉到基层”活动

创共建活动，与交通厅执法局党总支、集团工程管理部党支部开展“夏送清凉”主题党日活动，与公司总部机关党支部签订《党建联创共建协议书》，与地方政府指挥部签订《党建联创共建协议书》，积蓄激发征地拆迁和工程建设新动能。

（三）不断争先创优、取得优异成绩

我们荣幸获得中共山东高速股份有限公司委员会的“先进基层党组织”，山东高速集团有限公司“百日大干优胜单位”、“优秀建设管理单位一等奖”等荣誉称号或奖励，“红色山高”建设成绩斐然。

（四）强调党建引领、打造品质工程

京台高速公路德齐段改扩建工程在建设初期，即将交通运输部提出的“品质工程”创建目标定位于：在党建引领下，着力打造成内在质量和外在品味有机统一的高速公路，倾力把京台高速公路德齐段改扩建工程建设成为一条优质耐久、安全舒适、经济环保、社会认可的绿色品质工程双示范项目。

二、坚持以“质量山高”为导向

征地拆迁工作效果好不好，事关守护质量生命线，京台高速公路德齐段改扩建工程全体征地拆迁工作人员“围着项目转、盯着指标干”，分解征地拆迁节点任务，实行清单化管理、责任化推进、节点化督导，聚力攻坚克难、全力提速增效，破解了时间紧、任务重的实际困难。

（一）注重舆论宣传导向

加强宣传力度，思想动员到位。京台高速公路德齐段改扩建工程始终积极落实“质量山高”要求，高质量征迁、高质量建设，高质量“改造一路、造福一片、发展一方”。征地拆迁过程中，协同市县镇通过层层召开动员会，进村入户宣传发动，发放宣传手册，辅以板报、网络等手段加大宣传力度，让被征地拆迁人民群众了解征地拆迁政策，了解京台高速公路德齐段改扩建工程建设的意义和重要性，为高质量、高效率地完成征地拆迁任务，奠定了坚实基础。

（二）扎实做好前期筹备

在做好宣传的同时，为高质量、高效率地完成征地拆迁任务，京台高速公路德齐段改扩建工程在发出征地拆迁公告之前，采用航拍、地拍等方式，重点对项目建设设计范围用地（永久、临时）进行拍摄并梳理出清单，扎实做到了“一到位、两专业”，即：“拍摄覆盖到位”；“勘测定界”和“征迁测绘”两项工作均委托具备相关专业资质的单位和相应的专业人员实施，确保了征地拆迁数据的准确性、可靠性、高质量，切实将征地范围内的土地现状进行了锁定，有效预防了各类“抢建、抢栽、抢种”等行为的发生。

（三）主动出击、优化设计、合理避让

为高质量、高效率地完成征地拆迁任务，京台高速公路德齐段改扩建工程初步设计，前后经历数次修改，初设和施工图阶段，每一个结构物均在征得当地政府同意，并书面签认后，进行优化设计，力求减少占地、方便沿线民众出行、避免后期大量设计变更、降低后续矛盾发生的可能性。同时，京台高速公路德齐段改扩建工程紧密围绕“质量山高”要求，竭尽可能“降本增效”，严格把关管线迁改工作全过程，采取“设计线位调整、优化迁改路线、迁改变保护、合理避让”等方式方法，牵头组织设计单位、产权单位对管线迁改现场进行勘察论证，做到了能保护的不迁改、能调整设计的尽量合理避让，促使工程顺利推进的目标得以圆满实现。

2019 年 10 月 15 日上午 9 点，德州市指挥部刘东海主任、京台高速德齐段改扩建项目办刘甲荣主任等领导，组织一标段涉及管线的产权单位召开管线迁改推进会，“责任化推进、节点化督导”，现场对接施工方案

2019 年 12 月 25 日上午 10 点，齐河县高速项目指挥部孙华斌副局长、发改局郭栋主任、山东高速集团张新主任等领导，在京台高速四标组织召开油气管道安全工作专题会议，会后又到现场查看管道保护具体情况

京台高速公路德齐段改扩建工程先后对国网山东省电力公司德州供电公司、德州市高铁新区热力有限公司、德州市经济技术开发区恒祥能源有限公司、丁东水库、平原奥德能源、齐河中石油昆仑燃气有限公司等 39 处供热、供水及油气管道迁改保护方案，进行优化设计和合理避让，仅管线迁改资金，节省费用约 9560.48 万元。各种“降本增效”措施的积极施行，粗略估计可为项目创造近 10 亿元的经济效益。

京台高速德齐段改扩建工程管线迁改节省费用清单

序号	单位名称	涉及点位	协议情况	节省资金（万元）	备注
1	德州市高铁新区热力有限公司	1	已签（经协商双方同意终止协议）	113.9	供暖季将到，无迁改周期，主线施工优化施工工艺，缩小施工作业面，避让供热管道
2	德州市经济技术开发区恒祥能源有限公司	3	优化方案后原位保护	645.39	
3	丁东水库	7	优化方案后原位保护	75.6	
4	德州市东正装饰有限公司、山东省德州市开发区京台高速鲁冀动物卫生监督检查站、德州经济开发区宋官屯镇梁庄村民委员会、铁塔公司（380V 电力线）	4	优化方案	33.17	
5	平原昊德能源	1	已签（经协商双方同意终止协议）	6.57	
6	平原服务区光伏发电站迁移	1	现场勘查、优化方案，减少迁改范围，大幅下降迁改费用	109.76	
7	禹城中能泰维能源有限公司	1	优化方案	438.6	
8	齐河中石油昆仑燃气有限公司	1	优化方案	77.49	
9	中国石化销售股份有限公司华北分公司济南输油管理处（鲁皖管道）	7	现场勘查、邀请专家论证优化方案，减少迁改范围，大幅下降迁改费用	360	
10	中国石化管道储运有限公司（鲁宁管道）	3	现场勘查、邀请专家论证优化方案，减少迁改范围，大幅下降迁改费用	1700	
11	国网山东省电力公司德州供电公司		现场勘查、邀请专家论证优化方案避免迁改十条线路		
			累计节省资金：	9560.48	

（四）提前介入落实取土场

耕地是我国最为宝贵的资源，永久基本农田更是耕地的精华。2018 年 2 月 23 日，国土资源部印发了《关于全面实行永久基本农田特殊保护的通知》（国土资规〔2018〕1 号），以守住永久基本农田控制红线为目标，全面落实最严格的耕地保护制度和最严格的节约用地制度。全面实行永久基本农田特殊保护，是确保国家粮食安全的有力保障，是促进经济高质量发展的重要前提，也是促进生态文明建设的必然要求，功在当前、利及长远。

京台高速公路德齐段改扩建工程意识到，新时期新形势对于高速公路建设取土及取土场设置提出了更高的要求，为高质量、高效率地完成征地拆迁任务，必须依法依规合理设置取土场，避免占用基本农田，避免过度消耗自然资源。为保证工程进度，京台高速公路德齐段改扩建工程主动梳理出了取土场设置工作存在的重点难点：

一是自然资源部门对大型工程临时用地要求日益提高，临时用地无法避让，确需占用基本农田的，会严格审核把关，并加强监督管理，由有关市县报省自然资源厅批准后，报自然资源部备案，临时用地使用完成后尚需及时组织复垦。

二是根据摸底情况来看，京台高速公路德齐段改扩建工程沿线永久基本农田分布范围较广，除了居民住宅集中区域，一般地势平坦的耕地多为永久基本农田，因此，取土场位置很难确定。

三是京台高速公路德齐段改扩建工程还考虑到：取土场土质应符合路基填料规范要求，可取土层较厚、运距较近、便于施工，取土场设置需要与农田建设和自然环境相结合，不得影响路基稳定，不得造成水土流失，取土过程要特别注重环境保护，符合环保要求。

为高质量、高效率开展征地拆迁，京台高速公路德齐段改扩建工程在设计阶段即提前介入、关口前移，偕同设计单位，想方设法落实取土场。

一是与自然资源部门联系，收集沿线最新土地利用总体规划，了解沿线各地可供设置取土场的土地类型，避开基本农田，同时将土地规划图与1：10 000地形图叠加，初步筛选取土场设置位置，并列出清单。

二是叠加最新卫星影像图核查取土场区域房屋及建筑物分布情况，进一步筛选取土场，如涉及林地，第一时间沟通地方林业部门，核实林地属性。

三是初步设计外业调查期间，安排专人协同设计单位共同进行现场踏勘，根据踏勘结果，与地方政府对接，进一步确认取土场设置的可行性及合理性。

四是在取土场征用之前对土质情况进行复查，先行开展相关试验检测，符合设计地质资料和规范要求后再征用，以避免工程量的增加和工期的延误。

经过上述几轮高质量筛选及确认后，京台高速公路德齐段改扩建工程基本确认了取土场设置的合理性，并向沿线地方自然资源部门发函提交取土场设置坐标，最终顺利取得自然资源部门认可。

土场边线确认

提前介入落实取土场，使得项目建设事半功倍，取土过程中，又特别注重环境保护，符合环保要求

特别值得一提的是，京台高速公路德齐段改扩建工程巧妙利用禹城市施女湖水源工程项目，既完成了项目取土目标，又解决了当地政府弃土难题。施女湖位于禹城市城区南部，依托施女河、赵牛河，沿北岸拓展开挖，西起市中街道的西军张村，东至高新区内的戚家桥村。总占地面积 2502 亩，其中包括：水库用地 1362 亩，景观用地 1140 亩。施女湖公园定位为禹城市民休闲游憩的综合城市湿地公园，集文化展示、湿地休闲、科普教育、滨水度假、创意办公等多功能于一体，是自然与人文相互交融的禹城“阳光后花园”。施女湖水源工程项目大量弃土无处堆放，京台高速公路德齐段改扩建工程得知这一情况后，从造福地方百姓的角度出发，积极协调配合地方建设，将施女湖水源工程项目弃土用于路基填筑，取得了双赢的效果。

禹城市施女湖水源工程项目航拍图

禹城市施女湖水源工程项目效果图

三、坚持以“卓越山高”为目标

为追求“卓越山高”的目标，京台高速公路德齐段改扩建项目在未雨绸缪化解风险、24小时全天候光缆保通、稳妥穿越国家湿地公园、多措并举协调施工环境、无缝衔接办理各项手续等各方面做了积极努力，取得了较好成绩。

（一）未雨绸缪化解风险

京台高速公路德齐段改扩建项目始终追求卓越，未雨绸缪化解风险，依据《中共中央办公厅　国务院办公厅建立健全重大决策事项社会稳定风险评估机制的指导意见（试行）》（中办发〔2012〕2号）、《中华人民共和国信访条例》（国务院令2005年第431号）、《国家发展改革委重大固定资产投资项目社会稳定风险评估暂行办法》（发改投资〔2012〕2492号）等文件，积极参与落实京台高速公路德齐段改扩建工程社会稳定风险评估工作。在此基础上，先后听取了省交通运输厅、省文物局，德州市人大代表，德州市发展改革委、信访局、规划局、国土资源局、环境保护局、交通运输局、水利局、公路管理局，德州经济技术开发区、德城区、陵城区、平原县、禹城市、齐河县发展改革局、交通运输局、公路局，以及项目沿线涉及的部分乡镇，村居委及农户代表的意见建议，针对后续的征地拆迁及补偿工作，认真梳理查找可能存在的风险因素，如：补偿范围标准和补偿方案不能有效落实造成的风险，被征迁户的就业及迁居安置，征地拆迁过程的监管，对项目引起的其他补偿诉求应答方面的风险，被征迁户不满足补偿标准的风险，既有相关设施拆迁、赔偿带来的风险，以及对地方的其他补偿风险。

针对上述风险，京台高速公路德齐段改扩建项目提前介入、积极准备防范化解措施：

一是政策引领、法律保护，梳理相关法律法规、政策规定。

二是落实省政府《关于全省高速公路建设工作调度会会议纪要》(〔2018〕5号)》、《全省高速公路建设工作调度会会议纪要》(〔2019〕9号) 会议精神，充分利用政府平台，合理合规，协调处理各类问题、矛盾。

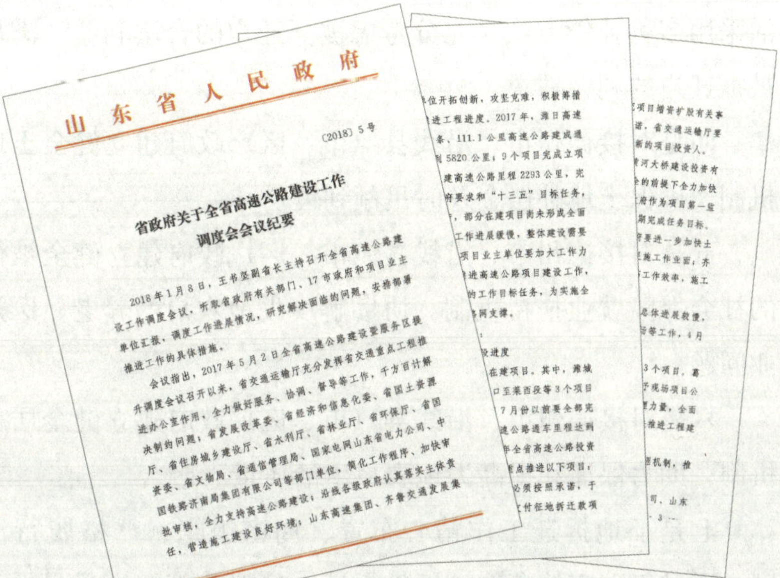
山东省人民政府

〔2018〕5号

省政府关于全省高速公路建设工作
调度会会议纪要

2018年1月8日，王书坚副省长主持召开全省高速公路建设工作调度会议，听取省政府有关部门、17市政府和项目业主单位汇报，调度工作进展情况，研究解决面临的问题，安排部署推进工作的具体措施。

会议指出，2017年5月2日全省高速公路建设暨服务区提升调度会议召开以来，省交通运输厅充分发挥省交通重点工程推进办公室作用，全力做好服务、协调、督导等工作，千方百计解决制约问题；省发展改革委、省经济和信息化委、省国土资源厅、省住房城乡建设厅、省水利厅、省林业厅、省环保厅、省国资委、省文物局、省通信管理局、国家电网山东省电力公司、中国铁路济南局集团有限公司等部门单位，简化工作程序、加快审批审核，全力支持高速公路建设；沿线各级政府认真落实主体责任，营造施工建设良好环境；山东高速集团、齐鲁交通发展集

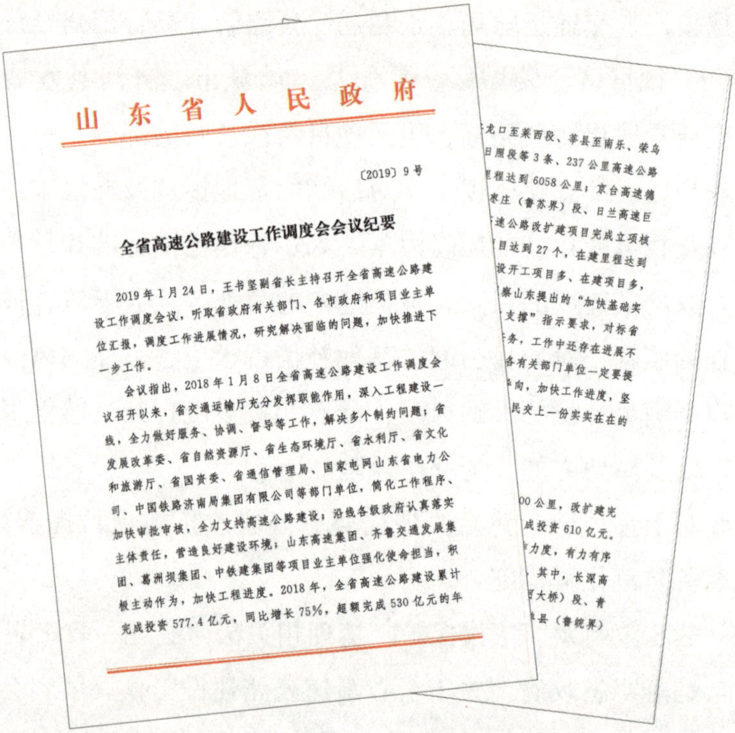

山 东 省 人 民 政 府

〔2019〕9 号

全省高速公路建设工作调度会会议纪要

2019 年 1 月 24 日，王书坚副省长主持召开全省高速公路建设工作调度会议，听取省政府有关部门、各市政府和项目业主单位汇报，调度工作进展情况，研究解决面临的问题，加快推进下一步工作。

2018 年 1 月 8 日全省高速公路建设工作调度会

会议指出，议召开以来，省交通运输厅充分发挥职能作用，深入工程建设一线，全力做好服务、协调、督导等工作，解决多个制约问题；省发展改革委、省自然资源厅、省生态环境厅、省水利厅、省文化和旅游厅、省国资委、省通信管理局、国家电网山东省电力公司、中国铁路济南局集团有限公司等部门单位，简化工作程序、加快审批审核，全力支持高速公路建设；沿线各级政府认真落实主体责任，营造良好建设环境；山东高速集团、齐鲁交通发展集团、葛洲坝集团、中铁建集团等项目业主单位强化使命担当，积极主动作为，加快工程进度。2018 年，全省高速公路建设累计完成投资 577.4 亿元，同比增长 75%，超额完成 530 亿元的年

三是加强与德州市、沿线县（市、区）政府及其相关责任部门的沟通，及时妥善处理好各方面关系，公开具体补偿标准，灵活采用多种补偿方式，充分考虑被征迁户的合法利益，满足不同被征迁户的利益需求。

四是对接德州市、沿线县（市、区）政府建立健全土地补偿机制，确保土地补偿金及时足额到位。

五是对接德州市、沿线县（市、区）政府建立健全被征迁户的社会保障就业扶持机制，协助解决失地农户的养老、医疗、就业问题。

六是对接德州市、沿线县（市、区）政府建立健全居住安置机制，助力保证和提高失地农户生活质量。

七是征地拆迁工作精心布置、周密组织，严格履行法定程序，通过正面宣传获取被征地拆迁人民群众理解，尽量做到不引

发、少引发被征地拆迁人民群众的不满情绪。

八是对征地拆迁及移民安置情况建立专门的督察投诉受理渠道，并在补偿金兑现无异议后入场施工。

九是处理好征地过程中“边角地”问题，对不适合继续耕种的土地，给予农户一定补偿。

组织全线指挥部召开边角地专题会议现场

2019 年 11 月 12 日上午，齐河县京台高速指挥部、开发区政府、京台高速公路德齐段改扩建工程、郭某敬女士及其 2 名律师在中铁四局项目部召开会议，协调解决郭某敬女士苗圃迁移事宜，会议依法依规商定了补偿有关事项及完成时限

齐河新互通内郭某敬女士苗木未清理，影响齐河互通内近两公里匝道，新建收费站三座现浇梁，两座天然气保护涵不能施工，主要原因为被征迁户对附着物评估结果不认可，阻挠施工。项目于 2019 年 12 月 1 日，再次对接德州市、齐河县政府、县自然资源局、晏北街道办事处，律师，评估公司，四标项目部等有关单位召开专题会议，及时解决问题，为齐河互通的顺利开工打下良好的基础，郭某敬女士也表示非常满意

（二）24 小时全天候光缆保通

在高速公路改扩建征地拆迁过程中，会涉及多个不同专业领域，其中一个重点领域即迁改沿高速公路管廊铺设的各类通信光缆、沿线的石油管道、天然气管道、水利工程、电力设施等。特别是沿高速公路布设的通信光缆，承担了全国九成以上的通信量，可谓神经中枢。京台高速公路德齐段沿线管廊里有多达 15 家管廊产权单位，尤其包含了国防光缆、涉密光缆等，确保这些通信光缆 24 小时全天候不中断，并且不能影响高速公路土建施工，是征地拆迁工作中的一件大事。

为更好地保障京台高速公路德齐段改扩建工程通信光缆保通任务的卓越完成，相关单位根据国家政策和行业要求，多次修改完善形成了适应项目需求的《京台北改扩建工程管线迁改、光缆保通项目改迁方案》。

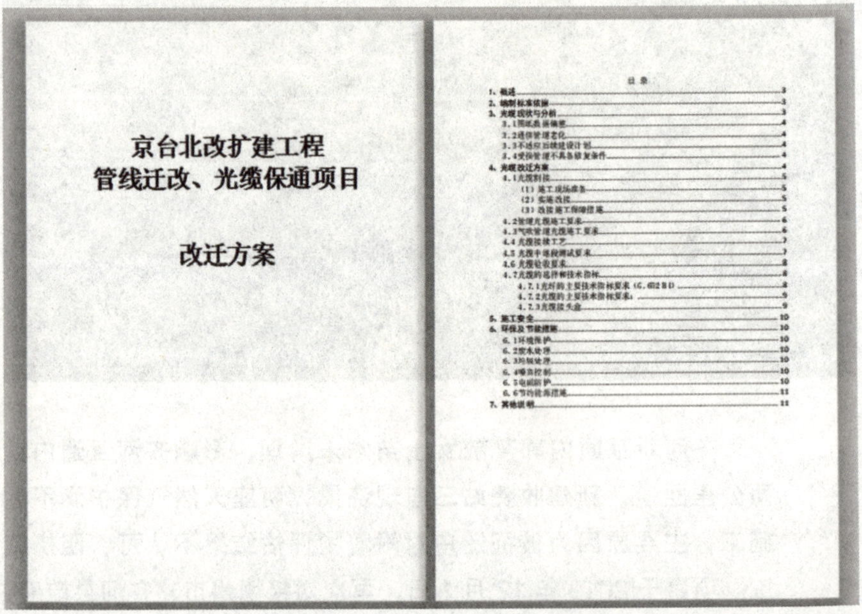

京台北改扩建工程
管线迁改、光缆保通项目

改迁方案

目录

在现场具体组织迁改时，工作人员严格按照国家标准及行业标准进行施工作业，保质保量完成改迁任务。同时，为了确保安全生产，及时巡护线路、监测设备状况、建立预防机制、排查安全隐患，达到了预期效果。

德州南物流园光缆平移施工，卓越完成任务

协同传输局勘察立交承台通讯光缆保通方案，现场排查安全隐患

项目办、设计院、驻地办、主体施工单位及山东高速通信技术有限公司现场勘察光缆保通路由

与解放军一同完成减河大桥、徒骇河大桥的 20 芯通信光缆割接工作；创业街右幅拼宽路基位置内原有南北方向的国防光缆，该处位置分离立交的桥台以及路基一直无法施工，项目多次协调，最终于 2020 年 3 月 27 日凌晨 2:30，成功迁移了该处光缆，保证了右幅路基在 2020 年 6 月 6 日顺利通车

K339+200 原转序路段光缆因施工造成损坏，第一时间迅速组织抢修

（三）稳妥穿越国家湿地公园

国家湿地公园是以保护湿地生态系统、合理利用湿地资源、开展湿地宣传教育和科学研究为目的，经国家林业局批准设立，按照有关规定予以保护和管理的特定区域。国家湿地公园的湿地生态系统或者在全国及特定区域范围内具有典型性，或者湿地区域生态地位重要，或者湿地主体生态功能具有典型示范性，或者湿地生物多样性丰富，或者集中分布有珍贵、濒危的野生生物物种，或者具有重要或者特殊科学研究、宣传教育和文化价值。因此，国家湿地公园是自然保护体系的重要组成部分，属社会公益事业，其保护受到社会高度关注。

鉴于此，京台高速公路德齐段改扩建项目始终追求卓越，高度重视穿越国家湿地公园的工作，认真梳理国家林业局《国家湿地公园管理办法》（林湿发〔2017〕150号）、国家林业局湿地保护管理中心《关于工程建设占用国家湿地公园有关问题的函》（林湿函〔2016〕32号）的相关要求，根据地理线位，研判路段、地貌数据，提前启动穿越国家湿地公园的攻坚工作，召集行业及省内专家、第三方服务单位，进行咨询，单独制定穿越方案，并在最短时间内获得批复。2019年5月15日，山东省自然资源厅印发了《关于京台高速公路德州（鲁冀界）至齐河段改扩建工程穿越山东德州减河国家湿地公园、山东禹城徒骇河国家湿地公园和山东禹城鳌龙省级湿地公园的意见》（鲁自然资函〔2019〕564号），正式批复同意京台高速公路德齐段改扩建工程提出的穿越方案，同意工程穿越山东德州减河国家湿地公园，山东禹城徒骇河国家湿地公园和山东禹城鳌龙省级湿地公园，为施工创造了有利条件。

（四）多措并举协调施工环境

一标段：京台高速公路德齐段改扩建工程减河保通桥、1#混凝土拌合站、德州南收费站的建设，对整个项目的进展和形象，有重要影响。项目积极对接，多次协调德州市、经开区政府解决减河保通桥路基施工阻工、1#混凝土拌合站建设等问题，多次协调德州市、运河区政府解决德州南收费站施工阻工等问题，满足了施工建设需求。

二标段：京台高速公路德齐段改扩建工程2019年拆迁现场工作会议及2020年疫情期间“战、保、比”复工复产动员大会，均在二标段召开。同时，二标段施工单位在德州市、平原县政府帮助下成立独立子公司，为平原县固定资产投入16亿元，上缴税收1500万。

三标段：京台高速公路德齐段改扩建工程徒骇河大桥设计原位扩孔重建，原有大桥需要全部拆除，为缩短工期，项目及三标段采取在旧桥西侧 50 米位处设立临时保通路基的措施。2019 年 9 月 17 日，在保通路基北侧施工中，因中国铁塔信号塔阻碍导致该位置路基无法施工，项目积极对接德州市、禹城市政府，以及该铁塔权属单位，最终于 2019 年 10 月 11 日，确定了在铁塔一侧设置 1 道 10 米长的混凝土挡土墙的施工方案，使得保通路基得以正常施工，并如期通车。

四标段：京台高速公路德齐段改扩建工程四标段受限于 K389+500 处的邯济铁路的通道高度，跨邯济铁路运输，需从地方道路绕行，距离远且对地方通行干扰大。为了便于施工组织，减小安全风险，需要在铁路两侧分别建设搅拌站和梁场，但由于临时用地政策不允许使用基本农田，场站用地迟迟得不到落实。项目积极对接德州市、齐河县政府、县自然资源局、各镇政府，沿高速线路调查闲置厂房与一般农田地块，于 2019 年 5 月底完成三处临时场地的租赁，为搅拌站和梁场建设奠定了基础。

（五）无缝衔接办理各项手续

京台高速公路德齐段改扩建项目始终追求卓越办理各项手续，以林地手续办理为例，项目提交的工程使用林地申请材料和山东省自然资源厅（省林业局）《关于京台高速公路德州（鲁冀界）至齐河段改扩建工程项目使用林地审查意见的报告》（鲁自然资〔2019〕176 号），于 2019 年 6 月 12 日，获得国家林业和草原局《使用林地审核同意书》（林资许准〔2019〕319 号）批复同意。批复同意次日，京台高速公路德齐段改扩建工程即向德州市自然资源局德城分局、德州市经济技术开发区自然资源分局、禹城市自然资源局、齐河县自然资源局、平原县行政审批服务局、陵城区林业发展服务中心等 6 家《林木采伐手续》办理单位，分别提出了申请，做到了卓越办理、无缝衔接。

特别值得一提的是，经过全体参建人员的共同努力，京台高速公路德齐段改扩建项目 2020 年 4 月完成全线占补平衡指标，2020 年 9 月省政府向国务院呈报项目建设用地请示文件，项目组卷资料由省自然资源厅上报自然资源部审查。2021 年 4 月 22 日，获得《自然资源部关于京台高速公路德州（鲁冀界）至齐河段改扩建工程工程建设用地的批复》（自然资函〔2021〕183 号），2021 年 6 月 10 日，获得《山东省自然资源厅关于京台高速公路德州（鲁冀界）至齐河段改扩建工程土地复垦方案报告书通过评审的函》（鲁自然资源函〔2021〕853 号），卓越完成了土地批复工作。审查上报周期明显早于同期建设的其他工程，在全省高速公路项目征地工作中走在了前列，这是“卓越山高”建设的又一生动实例。

中华人民共和国自然资源部

自然资函〔2021〕183 号

自然资源部关于京台高速公路德州(鲁冀界)至齐河段改扩建工程建设用地的批复

山东省人民政府：

你省《关于京台高速公路德州(鲁冀界)至齐河段改扩建工程项目建设用地的请示》（鲁政呈〔2020〕46号）业经国务院批准，现批复如下：

一、同意德州市德城区、陵城区、平原县、禹城市、齐河县将农民集体所有农用地240.2164公顷（其中耕地66.6132公顷，含永久基本农田32.4537公顷）转为建设用地并办理征地手续，另征收农民集体所有建设用地5.1743公顷；同意将国有农用地8.6252公顷（其中耕地0.6898公顷，含永久基本农田0.4051公顷）转为建设用地。

以上共计批准建设用地254.0159公顷，由当地人民政府按照供地方案中的供地方式依法依规提供，作为京台高速公路德州(鲁冀界)至齐河段改扩建工程建设用地。当地自然资源主管部门要及时核发划拨决定书或与土地使用者签订土地出让合同，并上传土地市场监测与监管系统。

二、你省督促有关县级以上地方人民政府依法落实征地补偿费用和安置措施，将被征地农民纳入相应的养老等保障体系，妥善解决好被征地农民的生产生活，保证原有生活水平不降低，长

征地补偿安置不落实的，不得动工用地。

民政府负责落实补充耕地和补划永久基本农田。

单位认真按照补充耕地方案，补充数量相等、

落实建设占用耕地耕作层土壤剥离利用。督促

实补划永久基本农田方案，将永久基本农田

设单位依法履行复垦义务。

有关规定征收新增建设用地土地有偿使用

、财政部、交通运输部、农

，林草局，国家自然资源

督察济南局。

中华人民共和国自然资源部

自然资源部

2021年4月22日

四、坚持以“活力山高”为动力

京台高速公路德齐段改扩建工程全线努力营造干事创业的氛围，想方设法，不断增强全项目参建人员的活力、凝聚力和战斗力，把“建设好京台高速公路德齐段改扩建工程”这个目标，深入宣传到每一个人的心里，形成了“干事、创业、和谐，一家人、一件事，上下一盘棋，一个目标、一股劲儿”的浓厚氛围。

（一）干事创业、充满活力

全体征地拆迁人员深知建设京台高速公路德齐段改扩建工程的重大意义，也非常清楚征地拆迁在工程建设中的关键作用，带着责任与激情反复与地方政府协商，与参建单位共同策划，与被征迁户唠家常、交朋友，动之以情、晓之以理。有员工老人病重住院，将年幼的孩子送回老家，自己依然坚守在征地现场；有员工孩子还在襁褓之中，连续出差，数周无法回家；有员工结婚，但放弃休假及时投入到工作中；有员工年龄偏大，仍克服身心疲倦、保持活力斗志，同年轻人一道冲在征拆一线。千里之行，始于足下，全长 93.138 公里的路上，到处都留下了项目广大参建人员舍小家顾大家、早出晚归、披星戴月、充满活力的身影。

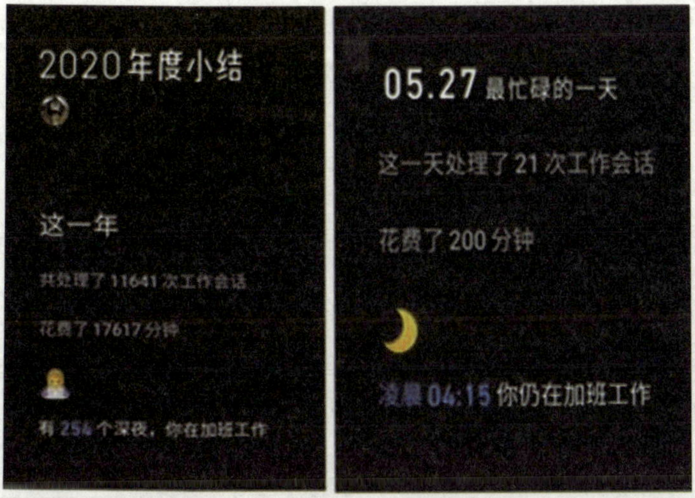

项目一名参建人员的企业微信记录

（二）敢打敢拼、队伍过硬

京台高速公路德齐段改扩建工程不断加强人才队伍建设，全体参建人员按照“六型山高”特别是“活力山高”的要求，积极更新观念，增强“敢打硬仗、能打硬仗、善打硬仗”的过硬作风，激发出了“干成事、不出事”的活力。征地拆迁工作靠的是统筹协调能力和吃苦耐劳精神。在征地拆迁工作中，京台高速公路德齐段改扩建工程全体参建人员，在个人品质上，充满活力和奋斗精神，敢打胜仗，能吃苦耐劳；在群众感情上，换位思考，想对方之所想、急对方之所急，主动为被征迁户出主意、解难题；在工作作风上，学会说百姓话，坐百姓炕头，以真心换真情。通过征地拆迁，京台高速公路德齐段改扩建工程锻炼出了一批有活力的新人才，锤炼出了一支有活力的好队伍。

（三）千方百计、提升执行力

京台高速公路德齐段改扩建工程为提升执行力，注重在“创新方式方法、抓典型、树标杆、严考核”上下功夫，通过充分发挥典型引领、示范先行、全面推广的模范带头作用，调动各方的积极性；通过移交建设用地考核、进度考核、纪律考核等，向各方明确目标、传递压力、形成动力；通过评先进、送锦旗、发贺信的方式给予鼓励、鞭策，广泛宣传报道，变被动为主动，形成了追求活力、你追我赶、争先恐后的比学赶超局面，执行力得到大幅提升。

五、坚持以“创新山高”为驱动

推动征地拆迁工作迅捷高效完成，必然要求征地拆迁过程高标准、严要求、有创新。越是任务繁重，越要注重细节、标准、创新；越是攻坚克难，越要格外冷静、理性、严谨。京台高速公路德齐段改扩建工程始终站在全省交通运输发展建设的大局想问题、办事情，一方面，带头遵纪守法、照章办事，履责用权慎之又慎、严之又严，一举一动、一言一行都力求合法合规，另一方面，根据“创新山高”的要求，探索征地拆迁新方式、蹚出一条新路子，更好履行征地拆迁、造福群众这一光荣使命。

京台高速公路德齐段改扩建工程强调征地拆迁过程“标准一致、高效服务”，以“1 把尺子量到底”为原则，组织放线清点工作，并开展模式创新：以沿线县（市、区）为单位，合理划分为 9 个工作大组，18 个工作小组，形成了京台高速公路德齐段改扩建工程最具代表性、创新性的“1918”模式[17]（“1918”代表 1 把尺子量到底、9 个大组、18 个小组）。各组统一时间节点，做到同出同入、同频共进、提高工作进度，圆满完成放线清点工作。

德州市各县（市、区）分布长度以及各大组分组计划表

序号	县（市、区）	包含乡镇	线路里程（公里）	分组	备注
1	经济技术区	宋官屯街道办、抬头寺镇	19.1	2	从高速两侧相向推进
	德城区	黄河涯镇	1.3		
	小计		20.4		
2	陵城区	丁庄镇	8.3	1	从高速两侧单向推进
3	平原县	三唐乡、坊子乡、平原县经济开发区、王凤楼镇、前曹镇	23.7	2	从高速两侧相向推进
4	禹城市	张庄镇、梁家镇、市中街道	24.9	2	
5	齐河县	晏北街道、晏城街道、祝阿镇	17.6	2	
合计			94.9	9	各分两个小组

现场各大组人员统计表

<table>
<tr><th>序号</th><th>组别</th><th>人员</th><th>车辆</th><th>备注</th></tr>
<tr><td>1</td><td>放线组</td><td>2</td><td>1</td><td rowspan="4">高速项目办安排</td></tr>
<tr><td>2</td><td>勘界组</td><td>2</td><td>1</td></tr>
<tr><td>3</td><td>埋桩撒灰线组</td><td>10</td><td>2</td></tr>
<tr><td>4</td><td>高速项目办</td><td>4</td><td>2</td></tr>
<tr><td>5</td><td>评估清点组</td><td>4</td><td>1</td><td rowspan="9">县（市、区）指挥部安排</td></tr>
<tr><td>6</td><td>县（市、区）指挥部</td><td></td><td>承载 20 人以</td></tr>
<tr><td>7</td><td>县（市、区）国土局</td><td>2</td><td rowspan="7">上中巴车
1 辆</td></tr>
<tr><td>8</td><td>县（市、区）财政局</td><td>1</td></tr>
<tr><td>9</td><td>县（市、区）林业局</td><td>1</td></tr>
<tr><td>10</td><td>县（市、区）水利局</td><td>1</td></tr>
<tr><td>11</td><td>县（市、区）公安局</td><td>1</td></tr>
<tr><td>12</td><td>设计代表</td><td>1</td></tr>
<tr><td>13</td><td>乡镇领导</td><td>2</td></tr>
<tr><td colspan="2">合计</td><td>33</td><td>8</td><td></td></tr>
<tr><td colspan="5">注：另有被征地村（单位）负责人、被征收土地联产承包户或土地使用权人若干</td></tr>
</table>

“1918”模式落实过程中，京台高速公路德齐段改扩建工程坚持专人专职专责、跟踪精准协调，切实做到了“三清”，即“征地拆迁目标清、征地拆迁对象清、征地拆迁标的清”，为征地拆迁工作的顺利开展奠定了坚实基础。京台高速公路德齐段改扩建工程与德州市、沿线县（市、区）政府积极行动，评估公司、勘测单位、跟踪审计单位及时跟进，“1918”模式下的全体参建人员盯上靠上，沿线各级市县乡村干部紧密配合，克服雨雪、战线长、地形复杂等诸多不利因素，合理安排时间，白天现场清点勘测，晚上梳理清点数据。勘测定界的同时对相应地上附着物、建筑物进行现场清点、现场测量，被征迁人现场确认、现场签字，实现了清点工作到户（常规到村），消除了后续隐患。

京台高速公路德齐段改扩建工程于 12 月 4 日，顺利完成工程埋桩放线、清点、勘界丈量等相关工作，仅用时 25 天，迅捷高效，为实现“依法征迁、和谐征迁、文明征迁、阳光征迁”，打下了坚实基础。

陵城区段二组工作成员集合进行清点前工作分工

禹城段一组工作人员清点复杂地形内地上附着物

三组工作日志
时间：11月23日
县区：城角韩村 周尹村
起点：K368+400
终点：K369+400
主线西侧 清点1000米
起点：K368+400
终点：K369+100
主线东侧 清点700米
地面附着物：清点树木6869棵，坟6座，桥一座。临时用地东西各5米，树木61棵。

三组工作日志
时间：11月24日
县区：城角韩村 惠民农业公司
起点：K369+100
终点：K369+400
主线东侧 清点300米
地面附着物：清点厂房1208平米，鸭场216.4平米，养鱼池198.77平米，清点树木959棵，坟一座，水井1口。

禹城段三组工作人员手机记录清点放线，形成清晰明了的工作日志

禹城段二组工作人员冒雨清点地上附着物

备忘录

三组工作日志
时间：11月19日
县区：市中街道 月牙湾村
起点：K366+450终点：K366+750
放线2公里，清点300米
地面附着物：清点乔木2672棵。清点小广告牌1块，监控电线杆两根，电缆线12.8米，路面75平米，棉花地53平米。
三组（清点）工作
时间：11月20日
县区：市中街道 禹城收费站
起点：K366+750终点：K367+350
主线西侧 清点600米（实际清点900米）
地面附着物：清点乔木8444棵，雪松0.48亩。
三组工作日志
时间：11月21日
县区：市中街道 禹城收费站
起点：K366+450终点：K367+000
主线东侧 清点550米
地面附着物：清点机井2口，机井电缆530米，树木5092棵。

禹城段三组工作人员手机记录清点放线，形成清晰明了的工作日志

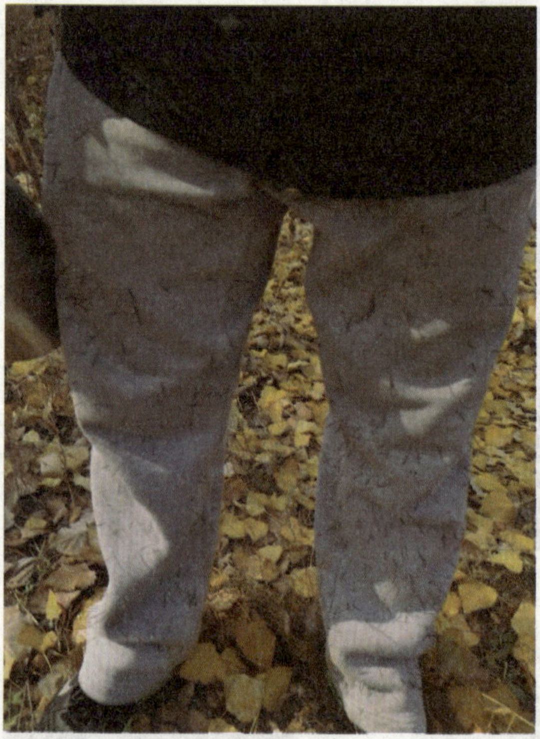

2018 年 11 月 13 日，京台高速公路德齐段改扩建工程征地拆迁工作人员全程徒步清点德州南匝道圈红线内地上附着物，穿越草丛之后，衣服上沾满了植物带刺的茎叶。为了确保数据精准、为了让被征地拆迁人民群众满意，同志们不叫苦、不怕累，依然“披荆斩棘”、坚持奋战在一线

禹城段四组工作人员清点复杂地形内地上附着物

现场清点登记

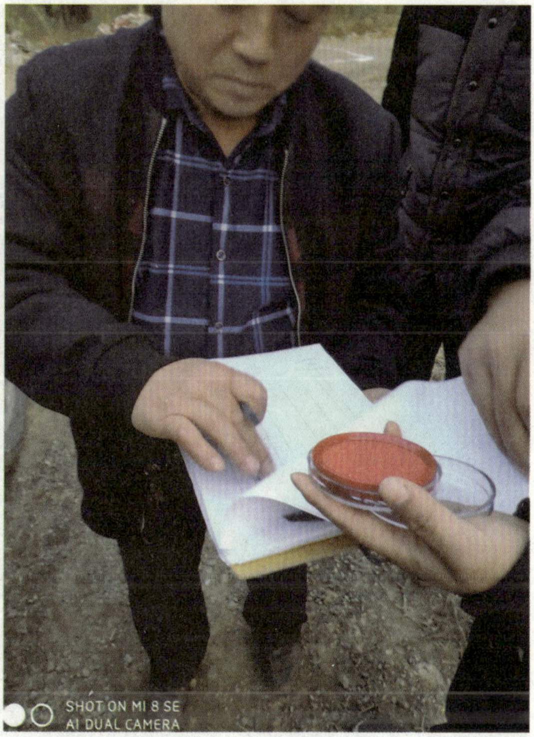

登记到户现场确认

现场签字

禹城段三组工作人员根据被征迁户时间，挑灯夜战，完成地上附着物清点

禹城市高寨村村民深为征地拆迁工作人员忘我工作精神所感动，主动为四组工作人员烧水

六、坚持以“文化山高”为支撑

京台高速公路德齐段改扩建工程结合“文化山高”建设的最新要求，梳理总结了主动服务、廉洁守纪、奖优罚劣的征地拆迁文化。

（一）打造主动服务的文化

京台高速公路德齐段改扩建工程非常注重主动出击，开拓进取，打造主动服务的文化。一是主动汇报。在工作中，我们主动向省各主管部门、集团公司汇报征地拆迁工作动态，及时反馈现场信息，认真做好周度、月度、季度、年度工作总结，让各级领导能够第一时间掌握征地拆迁最新进展，做出科学决策。二是主动对接。我们不断加强与德州市、沿线县（市、区）政府的工作对接，就征地拆迁过程中极易产生矛盾的征迁范围、补偿标准、拆迁安置等问题，主动与德州市、沿线县（市、区）政府相关部门进行沟通对接，在严格执行政策标准的情况下，维护好与德州市、沿线县（市、区）政府的关系。三是主动服务。我们胸怀大局观念，主动服务各参建单位，组织骨干力量深入现场担当甲方中的乙方，积极协调组织设计、施工、监理、审价单位全过程参与征地拆迁，对遇到的问题感同身受、换位思考，主动协调、帮助解决。同时，又做好高速公路建设突击队，冲锋在前、勇于担当，对征地拆迁中出现的棘手问题，敢于排地雷、炸碉堡、攻山头。主动服务的文化，使京台高速公路德齐段改扩建工程征地拆迁工作，既担当了高速公路建设“开路先锋”，又做好了高速公路建设过程中的后勤保障，切实保证了不因征地拆迁滞后延误工期。

（二）打造廉洁守纪的文化

京台高速公路德齐段改扩建工程以“文化山高”为支撑，将工作纪律摆在重要位置，注重打造廉洁守纪文化，在征地拆迁工作中，坚持“一个声音喊到底，一把尺子量到底，一套政策拆到底”，切实遵循“公平、公正、公开”的原则，既要维护被征地拆迁人民群众利益，又不为了息事宁人而乱开口、乱许愿。京台高速公路德齐段改扩建工程严禁征地拆迁工作人员借机谋利，营私舞弊或优亲厚友，并强化监督机制，建立廉政举报信箱，接受广大人民群众监督。整个工地拆迁工作，共支付征地拆迁资金15.1亿元，未出现一起营私舞弊行为。

（三）打造奖优罚劣的文化

京台高速公路德齐段改扩建工程积极打造奖优罚劣的文化，坚持奖罚并举，积极营造立功受奖、出错受罚的氛围，对表现优秀的单位和工作人员应进行表彰和奖励，促使征地拆迁工作不断加快向好。

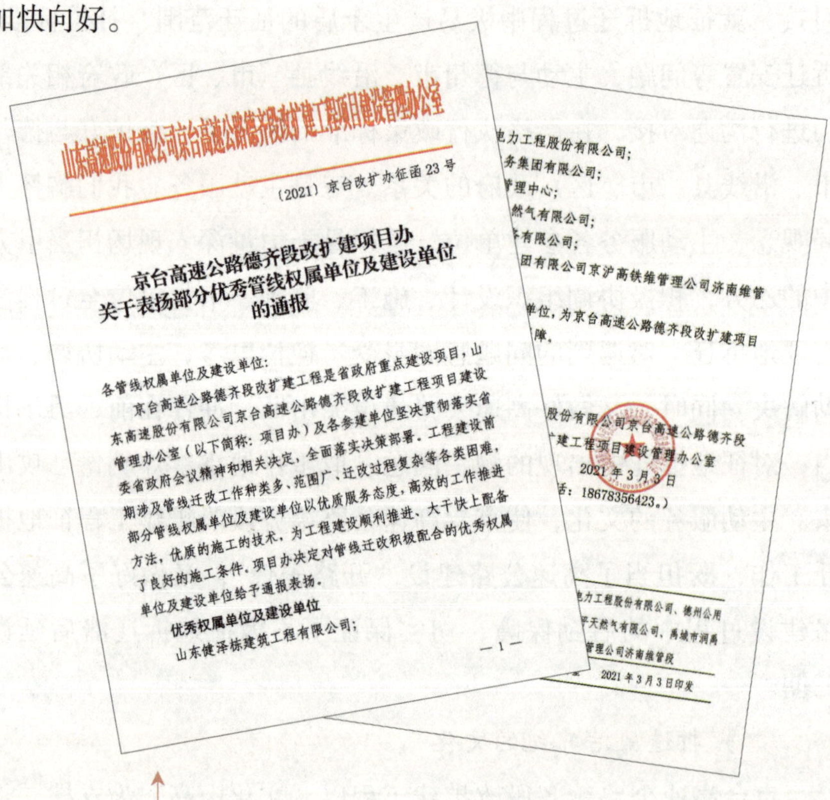

山东高速股份有限公司京台高速公路德齐段改扩建工程项目建设管理办公室

〔2021〕京台改扩办征函23号

京台高速公路德齐段改扩建项目办
关于表扬部分优秀管线权属单位及建设单位
的通报

各管线权属单位及建设单位：

京台高速公路德齐段改扩建工程是省政府重点建设项目，山东高速股份有限公司京台高速公路德齐段改扩建工程项目建设管理办公室（以下简称：项目办）及各参建单位坚决贯彻落实省委省政府会议精神和相关决定，全面落实决策部署。工程建设前期涉及管线迁改工作种类多、范围广、迁改过程复杂等各类困难，部分管线权属单位及建设单位以优质服务态度，高效的工作推进方法，优质的施工的技术，为工程建设顺利推进、大干快上配备了良好的施工条件。项目办决定对管线迁改积极配合的优秀权属单位及建设单位给予通报表扬。

优秀权属单位及建设单位

山东健泽栋建筑工程有限公司；

—1—

电力工程股份有限公司；
务集团有限公司；
管理中心；
然气有限公司；
务有限公司；
团有限公司京沪高铁维管理公司济南维管

单位，为京台高速公路德齐段改扩建项目
障。

股份有限公司京台高速公路德齐段
广建工程项目建设管理办公室
2021年3月3日
话：18678356423。）

电力工程股份有限公司、德州公用
平天然气有限公司、禹城市润禹
管理公司济南维管段
室　2021年3月3日印发

表扬2020年度优秀管线权属单位及参建单位的通报

山东高速股份有限公司
京台高速公路德齐段改扩建工程项目 建设管理办公室文件

京台德齐改扩办综〔2021〕5号

京台高速公路德齐段改扩建项目办
关于表彰2020年度京台高速公路德齐段改扩建工程先进协调单位和协调服务先进个人
的决定

京台高速公路德州（鲁冀界）至齐河段改扩建工程项目指挥部、沿线各市（区、县）协调办：

2020年，在上级正确领导下，在德州市指挥部，沿线各市（区、县）协调办的大力支持和配合下，京台高速公路德齐段改扩建项目各参建单位以“质量、安全、进度、廉政”为保障，同

— 1 —

表彰2020年度先进协调单位和协调服务先进个人的决定

山东高速
SDHS
山东高速集
德州至齐河段改
热烈庆祝京台高速公路

第十一章　总结与展望

京台高速公路德齐段改扩建工程作为山东省加快高速公路网建设的重点工程，山东省委省政府提出了2021年6月底建成通车的目标要求。面对征地拆迁工作时间紧、任务重的困难局面，京台高速公路德齐段改扩建工程顾全大局、团结一致，紧紧围绕省委省政府的决策部署，在省直各部门的正确领导和大力支持下，积极协调德州市、沿线县（市、区）政府，组织各参建单位倒排工期、并肩作战，全力推进征地拆迁各项工作，圆满落实了“三个精准”、“三个负责”和“三个效果”的要求，实现了“精准发现问题、精准把握政策、精准作出处置”，征地拆迁依据明确、标准适用、尺度适当；在每个问题的处置、每个被征迁人的对接、每个补偿的确认上，做到了“对事负责、对人负责、对历史负责”；达到了“确保如期通车的政治效果、确保补偿到位的经济效果、确保稳定和谐的社会效果”，保证了工程建设的快速推进，走在了全国同期开工项目的前列，特别是结合“六型山高”建设，梳理征地拆迁工作，创造性地提出了“1918”新模式，并进行了实践和完善，为山东省其他高速公路项目征地拆迁工作体制机制改革提供了重要参考。现总结征地拆迁工作体会如下：

一、各级政府高度重视，是做好征地拆迁的根本保证

在京台高速公路德齐段改扩建工程筹建伊始，就得到了省委省政府、德州市委市政府和沿线县市区党委政府的高度重视，在项目前期山东高速股份有限公司就与京台高速公路德州（鲁冀界）至齐河段改扩建工程项目指挥部签订了《京台高速公路德齐段改扩建项目建设管理服务协议书》，界定了双方责任义务。在建设期间，省市县主要领导多次莅临现场督导工程建设、征地拆迁等工作，这充分体现了省市县各级领导对京台高速公路德齐段改扩建工程的高度重视，也是全线迅捷高效开展征地拆迁工作的根本保证。

二、不忘初心、坚定信心，是做好征地拆迁的强大动力

征地拆迁是京台高速公路德齐段改扩建工程最重要、最基础的工作，按照省委省政府2021年6月底建成通车的总体目标，2019年6月即需要完成红线内整体拆迁工作的任务要求，省交通运输厅、省发改委、省国资委、省自然资源厅（林业局）、省生态环境厅等主管部门通过不同形式做了深入细致的配合工作，德州市、沿线县（市、区）政府和有关方面大力支持，京台高速公路德齐段改扩建工程咬定工作目标不放松，不忘服务被征地拆迁人民群众的初心，不断提振信心、快速及时跟进，召开征地拆迁动员会、推进会、冲刺会，号召全员始终坚定按期完成征地拆迁任务、优质高效建设好项目的信心和决心，并将这种信心和决心传递到一线，持续传递正能量，不断统一目标、强化共识，形成了强大的合力，为各项工作尤其是征地拆迁工作的稳步推进，注入了源源不断的动力。

三、统筹规划、压茬推进，是做好征地拆迁的前提条件

京台高速公路德齐段改扩建工程会同德州市、沿线县（市、区）政府指挥部、各镇街工作组负责同志认真研究制定拆迁安置方案，统筹规划、先梳理依据、明确标准，再组织培训、统一标准、压茬推进，全线征地拆迁工作前提条件不断成熟，并在房屋、企业、大棚拆迁工作的关键节点，掀起了比学赶超的高潮，全线移交建设用地节节增加。

四、创新思路、典型引领，是做好征地拆迁的有效举措

京台高速公路德齐段改扩建工程征地拆迁数量大、涉及面广、工作难度大，需要采取灵活措施、妥善处理，按照“依法征迁、和谐征迁、文明征迁、阳光征迁”的理念，在严格遵守法规

政策要求的前提下，通过创新思路、典型引领的工作方法，及时将好的方法、典型经验，进行广泛宣传，取得了明显成效。

五、全员动员、形成合力，是做好征地拆迁的坚实基础

京台高速公路德齐段改扩建工程审时度势，创造条件，超前动员启动征地拆迁工作，主要领导亲自挂帅，分管领导分片包干，京台高速公路德齐段改扩建工程全体征地拆迁人员组建为不同工作组，将征地拆迁工作作为第一工作来抓，大家“5+2、白加黑”，深入一线、上下协调、争当先锋，凝聚各方力量，解决征地拆迁过程中的疑难问题，冒风雪、战严寒，挨家挨户做通被征地拆迁人民群众的思想工作，在维护被征迁户切实利益的同时，取得了被征迁户的认同和理解。各工作组将征地拆迁任务，尤其是控制性工程、拆迁重点难点，分解到每一名成员，真正将任务目标落到实处，正是依靠全员力量，形成合力，才确保了征地拆迁工作的扎实推进。

六、展望

京台高速公路德齐段改扩建工程在如此短的时间内圆满完成征地拆迁任务，成功打造出了“德齐速度、德齐效应”和“1918模式”，充分体现出了京台高速公路德齐段改扩建工程征地拆迁工作的迅捷高效。百尺竿头、更进一步，我们将继续团结带领全体参建人员，在“六型山高”的指导下，以更加高涨的工作热情，埋头苦干、奋发有为，加快我省高速公路建设，打造百年平安品质工程，为山东省经济社会发展做出更大的贡献！

后 记

成绩的取得离不开省委省政府的坚强领导，离不开省交通运输厅、省发改委、省国资委、省自然资源厅、省生态环境厅等省直有关部门的大力支持，我们向有关部门致以最崇高的敬意！对于在德齐项目征地拆迁过程中给予莫大帮助的山东省军民融合委刘建栋、31401部队宛延成等领导，我们向他们表示最诚挚的感谢！

同时，沿线政府负责征地拆迁工作的刘东海、李树东、史好勤、马金东、纪勇、张世彬、刘书利、李占华、郭磊、张静、朱方刚、侯忠元、高长征、宁兴东、孙华斌、刘民等领导，还有参建单位的唐刚祥、段同军、刘铭、蒲国伟、王好明、高庆水、燕宇、于洋、马云雷、张绪兵、林海红、朱凤磊、张波、张学、李伟、魏家电等同志，我们向他们致以最衷心的感谢！

雄关漫道真如铁，而今迈步从头越。京台高速公路德齐段改扩建工程将高举习近平新时代中国特色社会主义思想伟大旗帜，锐意进取、攻坚克难、不断创新，开启高速公路建设新征程，建设人民满意的高速公路，为实现中华民族两个100年奋斗目标而再立新功！

郭建民

2021年7月1日

注 释

[1]数据引用自交通运输部《2020年交通运输行业发展统计公报》(2021年5月19日)。

[2]数据引用自《中共中央、国务院交通强国建设纲要》(中发〔2019〕39号)。

[3]数据引用自《中共中央　国务院关于加强耕地保护和改进占补平衡的意见》(中发〔2017〕4号)。

[4]数据引用自《国务院办公厅　关于坚决制止耕地“非农化”行为的通知》(国办发明电〔2020〕24号)。

[5]数据引用自2021年山东省交通运输工作会议。

[6]数据引用自《中共山东省委　山东省人民政府　关于加强耕地保护和改进占补平衡的实施意见》(鲁发〔2018〕6号)。

[7]2018年3月17日，十三届全国人大一次会议表决通过了关于国务院机构改革方案的决定，批准成立中华人民共和国自然资源部、生态环境部，不再保留国土资源部、国家海洋局、国家测绘地理信息局和环境保护部。经过各方近一年的努力，自然资源部、生态环境部已完成组建工作，各个地方的自然资源厅局、生态环境厅局也逐步完成了改组。本书提及的国土资源部门、环境保护部门，均可理解为新成立的自然资源部门、生态环境部门。

[8]相关条款原出现于《中华人民共和国物权法》。《中华人民共和国民法典》第一千二百六十条：“本法自2021年1月1日

起施行。《中华人民共和国婚姻法》、《中华人民共和国继承法》、《中华人民共和国民法通则》、《中华人民共和国收养法》、《中华人民共和国担保法》、《中华人民共和国合同法》、《中华人民共和国物权法》、《中华人民共和国侵权责任法》、《中华人民共和国民法总则》同时废止”。为体现与时俱进、为后续建设项目提供更多参考，京台高速公路德齐段改扩建工程汇总梳理的工作依据、关键条款，以出版本书时收集到的最新版本为准。

[9]本书收录第三次修正版。

[10]2021年4月21日，国务院常务会议通过了《中华人民共和国土地管理法实施条例（修订草案）》。草案强化对耕地特别是永久基本农田的管理保护，严守耕地保护红线，在严格控制农用地特别是耕地转为建设用地的同时，进一步明确控制耕地转为林地、草地等其他农用地，严格执行耕地“占补平衡”制度。草案细化土地征收程序，设立征收土地预公告制度，规范征收补偿，规定有关费用未足额到位的不得批准征收土地，保障被征地农民知情权、参与权、监督权。草案明确保障农民合理宅基地需求，规范宅基地管理，强调保障农民依法取得的宅基地权益。草案还细化土地督察制度，强化监督检查措施，建立动态巡查等机制，并加大对破坏耕地、非法占地、拒不履行土地复垦义务等违法行为处罚力度，增加了对耕地“非粮化”的处罚规定。2021年7月2日，中华人民共和国国务院令第743号对《中华人民共和国土地管理法实施条例》进行了第三次修订。本书编辑时，该条例仍旧处于修正草案阶段，本书出版时，第三次修订版已发布，因此本书收录第三次修订版。

[11]2018年12月29日，第十三届全国人民代表大会常务委员会第七次会议通过《中华人民共和国耕地占用税法》，自

2019 年 9 月 1 日起施行，2007 年 12 月 1 日国务院公布的《中华人民共和国耕地占用税暂行条例》同时废止。

[12]《各省、自治区、直辖市耕地占用税平均税额表》规定山东省平均税额为 22.5 元/平方米。

[13]根据《京台高速公路德州（鲁冀界）至齐河段改扩建工程交工验收资料（第三册）》“土地补偿与安置补助费”依据为《山东省人民政府关于山东省征地区片综合地价的批复》（鲁政字〔2020〕74 号）。但为体现政策的连贯性，本书补充《山东省人民政府关于调整山东省征地区片综合地价标准的批复》（鲁政字〔2015〕286 号）。

[14]已更新至 2020 版，详见《山东省征地区片综合地价》（鲁自然资发〔2020〕4 号）。

[15]为体现政策的连贯性，本书补充《山东省国土资源厅　山东省财政厅关于公布省级耕地占补平衡指标调剂指导价格的通知》（鲁国土资发〔2017〕12 号）。

[16]本章“权力人”表述，来自《山东省土地征收管理办法》（山东省人民政府令 2010 年第 226 号）和《山东省政府办公厅关于进一步严格规范征地管理工作的意见》（鲁政办字〔2017〕76 号）。

[17]本书为致敬 1918 年毛泽东、蔡和森、萧子升等同志组织了“新民学会”，特梳理总结出放线清点“1918”创新模式。1918 年 4 月 14 日，毛泽东等同志根据《礼记》所云“大学之道，在明明德，在新民，在止于至善”，将进步团体命名为“新民学会”。1919 年“五四”运动后，大多数新民学会会员接触到马克思主义和劳工运动，思想上发生了重大变化，学会宗旨被修改为“改造中国与世界”。这是新民学会历史发展的一个转折。1920 年下半年，新民学会的许多会员加入了中国社会主义青年团和共产主义小组，为 1921 年中

国共产党的成立做出了突出贡献。2021 年正值中国共产党百年华诞，京台高速公路德齐段改扩建工程所有参与征地拆迁工作的党员，谨以此书献礼党的生日。

京台高速公路德州（鲁冀

界）至齐河段改扩建工程路线方

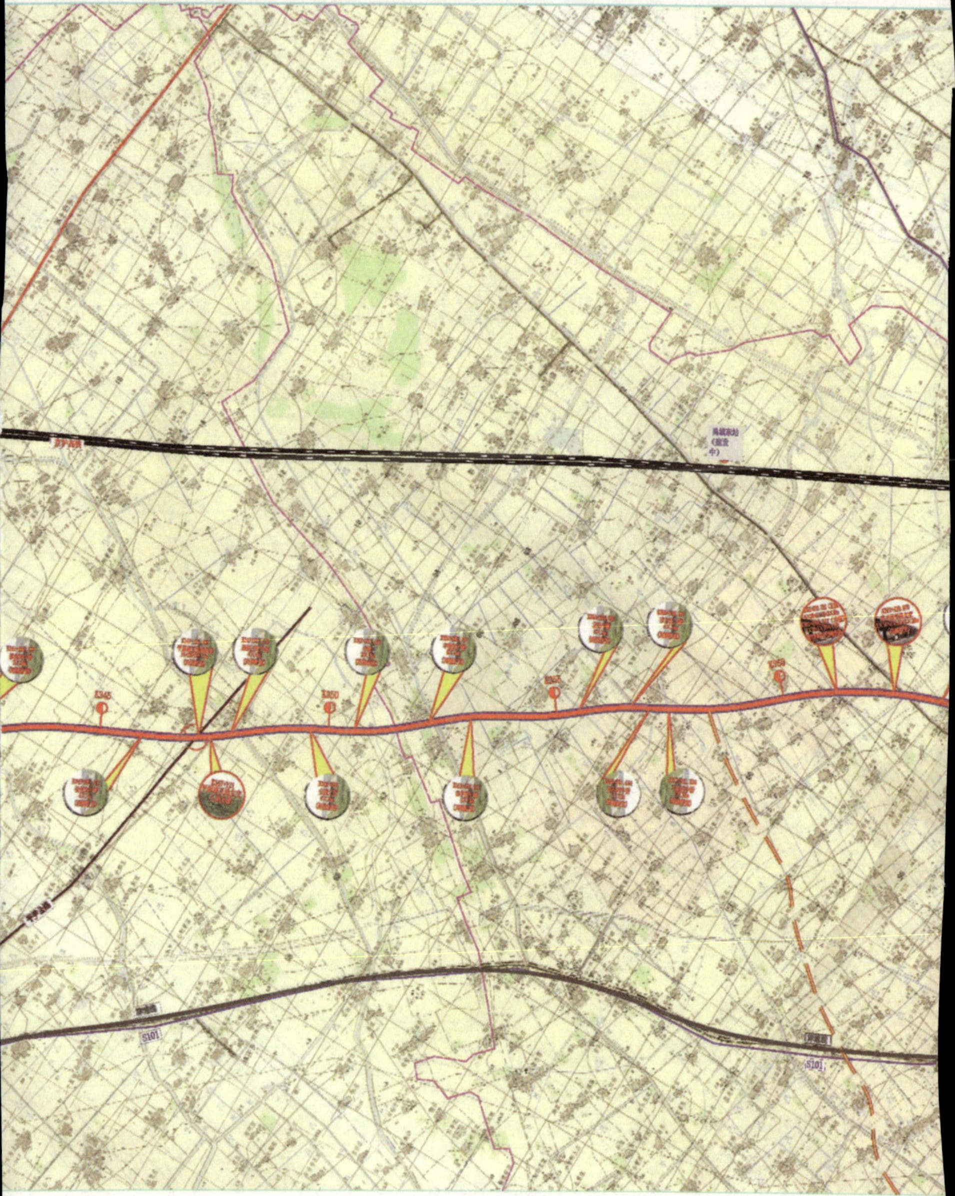

图

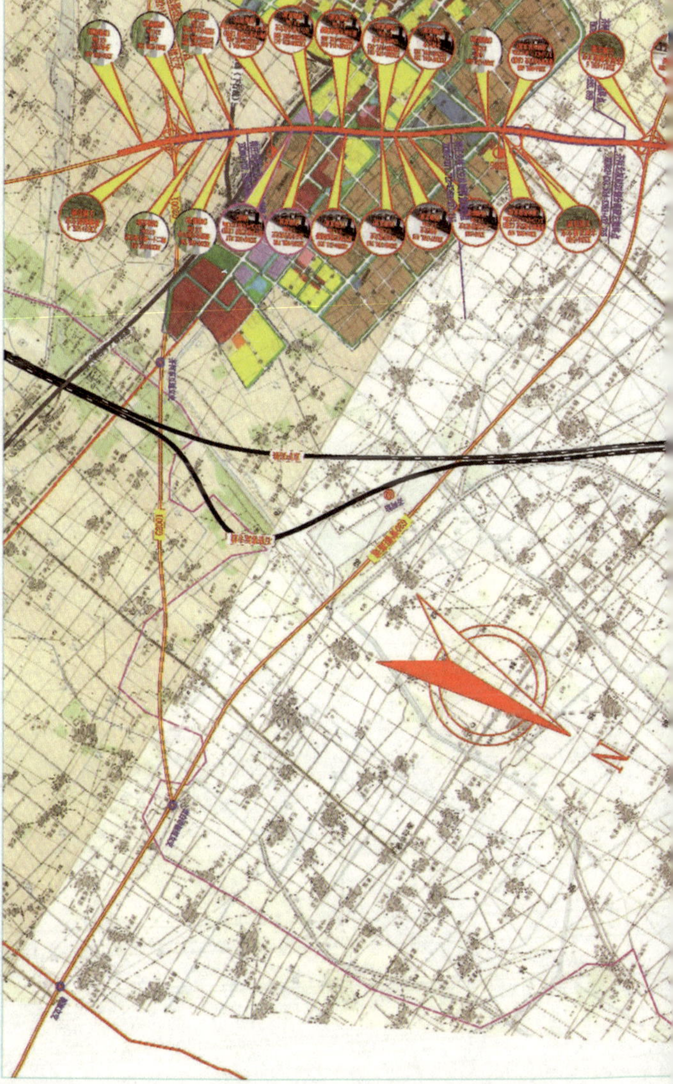

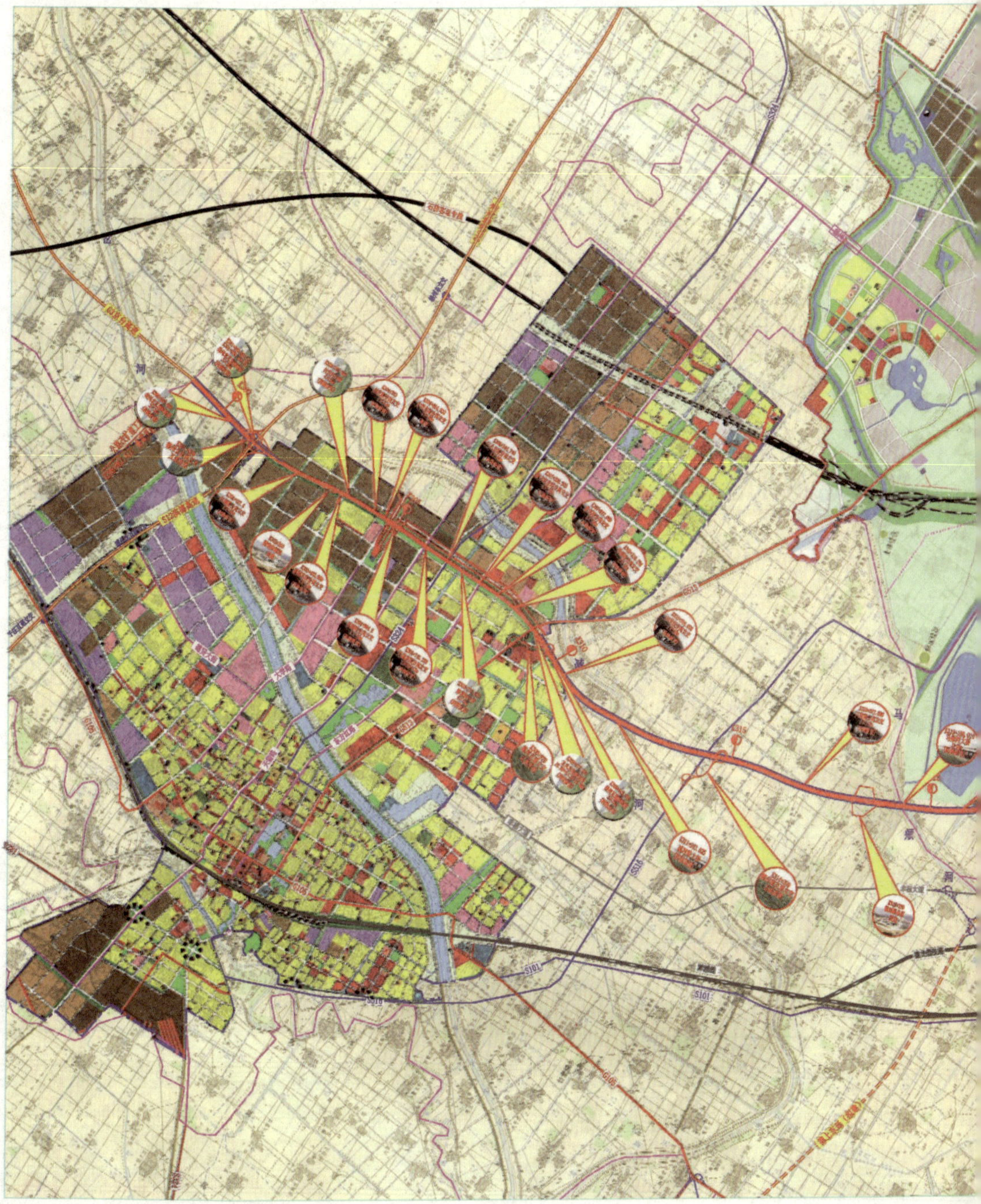